BIBLIOTHÈQUE ORIGINALE

PÉTRUS BOREL

LE LYCANTHROPE

SA VIE — SES ÉCRITS — SA CORRESPONDANCE
POÉSIES ET DOCUMENTS INÉDITS

PAR

JULES CLARETIE

Frontispice à l'eau-forte avec portrait de Ulm

PARIS

CHEZ RENÉ PINCEBOURDE, ÉDITEUR

A LA LIBRAIRIE RICHELIEU
RUE RICHELIEU, 78

MDCCCLXV

PÉTRUS BOREL

LE LYCANTHROPE

TIRAGE A PETIT NOMBRE :

——

2 exemplaires sur peau de vélin. . . . .   fr.
15   »   papier de Chine.   10
15   »   »   chamois. . .   6

Chacun de ces exemplaires contient trois épreuves différentes de l'*eau-forte*, et est numéroté.

ULM

PETRUS BOREL

LE LYCANTHROPE

SA VIE. SES ÉCRITS. SA CORRESPONDANCE.
POÉSIES ET DOCUMENTS INÉDITS.

Il est une chose certaine et reconnue,
c'est qu'à l'heure présente nous manquons
d'originalité. Nous sommes (et quand je
dis nous, j'entends cette génération de
lettrés née à la lettre moulée il y a quelque
vingt ans, immédiatement après l'éclosion
ou l'explosion romantique), nous sommes
des critiques experts, des romanciers exacts,
des psychologues de premier ordre ; nous
avons bien des qualités et bien des défauts,
la patience dans les recherches, la soif de
la vérité, l'amour des détails poussé parfois jusqu'à l'adoration de l'inutile ; nous

avons le culte du vrai, la religion du na-
turel, mais encore un coup il nous manque
l'originalité, ou pour mieux dire il nous
manque des *originaux*. Nous possédons en
monnaie courante une quantité considérable de pièces d'or, d'argent ou de billon,
de billon surtout, d'honnêtes pièces un
peu usées par le voyage, sans relief et
sans arêtes trop vives ; mais des médailles
précieuses ou seulement curieuses, petit
ou grand module, nous n'en avons plus.

L'originalité se perd. C'était pourtant
une qualité bien française, insupportable
quelquefois, aimable et séduisante presque
toujours. Ces têtes à l'envers qui nous
conquirent, à la pointe de leurs folies, un
renom de légèreté brillante et d'irrésistible
entrain, — il nous restera en dépit de nos
allures de quakers, — ces excentriques, ces
écervelés, ces casse-cous, ces aventuriers
de l'esprit, ont disparu. Je sais bien qu'on
ne doit les regretter qu'à moitié ; il est
une destinée plus enviable que celle du
duc de Roquelaure ou du marquis de
Bièvre. Et pourtant on a besoin de temps

à autre de ces aimables Triboulets pour égayer la vie déjà bien monotone. La gravité nous pénètre, et parfois il nous prend d'irrésistibles nostalgies de fou-rire. Mais, entendons-nous, ce sont les vrais originaux, les *excentriques nés* que je regrette, ceux-là seulement qui ont naturellement une piquante et curieuse physionomie, et non ceux qui se plantent devant leur glacé et se façonnent un visage comme le feraient des acteurs. Vive le rire, mais à bas la grimace !

Aujourd'hui c'est la vie d'un de ces originaux par tempérament que j'ai voulu raconter. J'ai choisi, dans les limbes du romantisme, une des physionomies les plus attachantes et les plus bizarres, une des moins connues à coup sûr malgré la quasi-popularité du nom, en un mot Pétrus Borel.

Lorsqu'il y a six ans les journaux annoncèrent la mort de celui qui avait écrit *Champavert*, les *Rhapsodies*, *Madame Putiphar*, les lettrés seuls hochèrent la tête, et si peu ! les curieux sourirent en songeant à celui qui s'appelait *le lycanthrope* ; la foule lut et passa outre. Le grand nombre ne connaissait point Pétrus ; le petit nombre l'avait déjà sévèrement jugé. — Fi ! l'excentrique ! Car je dois vous dire que cette épithète charmante est, avec le temps, devenue une injure.

Ce dédain et cet oubli étaient pourtant injustes. C'était, on ne s'en doutait guère, un roi, roi détrôné, roi dépouillé, soit, mais c'était un roi qui s'en allait. Il avait eu, ce dédaigné, son heure de triomphe et d'enivrement ; on l'avait salué du nom de maître, il avait un instant fait école. Ce Mahomet avait eu des Séides, et quels Séidès ! Théophile Gautier, Gérard de Nerval, les plus jeunes, les plus vaillants ! Il valait bien encore qu'on s'occupât de lui ; mais l'arrêt était porté. Arrêt définitif ? Je l'ignore. Je ne le crois pas. Voilà deux ou trois ans déjà que je recherche çà et là les miettes tombées de la table de Borel, pièces de vers, romans, factums, articles de journaux, lettres, pamphlets, et peu à peu je me suis pris pour lui d'une sorte d'amitié qui ne m'empêche point de le juger, mais qui me pousse à le plaindre. Aussi bien j'ai voulu réunir en une façon de résumé cette œuvre et cette vie sans équivalentes. J'ai voulu continuer à plaider pour les Lesurques littéraires, — il en est beaucoup, — injustement condamnés. « Il y avait dans les écrits de M. Pétrus Borel » a dit M. Charles Monselet, cet avocat expert des oubliés et des dédaignés (1), « il y avait mieux et autre chose que ce qu'on a voulu y voir. » C'est justement ce *mieux* que j'ai cherché, et cette *autre chose* que je crois avoir trouvée.

(1) *La Lorgnette littéraire*, dictionnaire des grands et des petits auteurs de mon temps, par M. Charles Monselet. — (1857.)

BIOGRAPHIE.

Pétrus Borel d'Hauterive était né à Lyon le 28 juin 1809. Dix-sept ans auparavant, un noble Dauphinois descendait de ses montagnes avec les Boreillane et les Richaud, et venait se joindre, pour résister à l'armée de la République, au général de Précy, gouverneur de Lyon, et à ce comte de Virieu, ex-constituant, qui répétait en manière d'axiome : *La meilleure Constitution, c'est l'extermination des patriotes*. Cette recrue nouvelle pour l'armée royaliste était le père de notre Pétrus. M. Borel fut de ceux qui résistèrent à Couthon, et à la « sainte colère » de ses paysans de l'Auvergne. Postés sur les hauteurs de Fourvières, les royalistes se croyaient inexpugnables, lorsque brus-

quement l'armée républicaine enleva la
position par une formidable poussée. Le
père de Pétrus Borel fut fait prisonnier;
et pendant que Virieu et Précy gagnaient
la Suisse, pendant que Barère demandait
à la Convention d'effacer ce nom fier de
Lyon et de le remplacer par celui de *commune affranchie*, le prisonnier attendait
qu'on dressât pour lui l'échafaud.

Lyon est une étrange ville qui offre
encore l'opposition flagrante de la démo-
cratie la plus violente et du cléricalisme le
plus enraciné. Fourvières répond par un crucifix au drapeau rouge de la Croix-Rousse.
Le club s'élève en face de la chaire ; ici
Lyon se prosterne devant ses évêques, là
Lyon obéit au geste de ses tribuns. On m'a
affirmé même que le jansénisme y comp-
tait encore maints adeptes, et parmi les
prêtres eux-mêmes. En 1792, les passions
étant plus violentes, les nuances étaient
plus tranchées. Pendant que les royalistes
combattaient Couthon et Collot d'Herbois,
les *mathevons* eussent volontiers livré leur
ville à la Convention. On appelait à Lyon

mathevons (je ne sais si le nom se dit encore) ceux qu'à Paris on nommait les *jacobins*. Ce fut un mathevon, ancien domestique de M. Borel d'Hauterive, qui fit tant et si bien, — ce travail de sauvetage lui prit trois mois, — qu'il délivra le prisonnier. Borel d'Hauterive se réfugia en Suisse, où il rencontra Fauche-Borel, l'agent royaliste, qui était peut-être son parent. La Terreur passée, l'émigré rentra en France. Il vint à Paris.

Il était pauvre, ruiné, il avait une famille nombreuse ; il fallait vivre et faire vivre les enfants et les élever. Adieu le point d'honneur ! Il fit comme tant d'autres, il ouvrit une boutique et servit le passant.

De cette famille Pétrus était un des fils cadets. Il fut mis en pension, peu de temps je crois, et quitta les bancs de l'étude pour entrer chez Garnaud, une célébrité d'alors, qui tenait, rue de l'Abbaye, une école d'architecture. Pétrus avait quinze ans. Cet état d'architecte lui souriait médiocrement.

Il écrivait alors sur son cahier de notes
(Voir la préface de *Champavert*) :

Hier mon père m'a dit : « Tu es grand maintenant, il faut dans ce monde une profession ; viens, je vais t'offrir à un maître qui te traitera bien, tu apprendras un métier qui doit te plaire, à toi qui charbonnes les murailles, qui fais si bien les peupliers, les hussards, les perroquets ; tu apprendras un bon état. » Je ne savais pas ce que tout cela voulait dire, je suivis mon père, et il me vendit pour deux ans.

Il ajoute plus tard :

Voilà donc ce que c'est qu'un état, un maître, un apprenti. Je ne sais si je comprends bien, mais je suis triste et je pense à la vie ; elle me semble bien courte ! Sur cette terre de passage, alors pourquoi tant de soucis, tant de travaux pénibles, à quoi bon ? *Se caser !...* Que faut-il donc à l'homme pour faire sa vie ? Une peau d'ours *et quelques substances !*

Et encore :

Si j'ai rêvé une existence, ce n'est pas celle là, ô mon père ! Si j'ai rêvé une existence, c'est chamelier au désert, c'est muletier andaloux, c'est Otahitien !

Pétrus avait déjà rêvé mieux que cela. Il voulait être poëte, poëte ! *Anch'io, son pittore !* Il avait griffonné déjà sur des bouts de papier des verselets que tout naturellement il trouvait superbes. Les mieux aimés ce sont les premiers-nés.

Un soir on le vit rentrer tout fier de lui-même à la maison paternelle. Il rayonnait, il avait un sourire important, comme un homme qui sait tout ce qu'il vaut. De crainte qu'on ne l'interrogeât pas, il conta bien vite que certains couplets contre je ne sais quelles lois de Villèle couraient les rues (tout au plus couraient-ils l'atelier de Garnaud), et que ces couplets étaient de lui. Il les récita. M. Borel d'Hauterive, le frère de Pétrus, se souvient encore de cette soirée (1). Voici les vers, composés sur un

(1) Je n'aurais pu connaître certains détails de la vie de Pétrus Borel et donner à cette monographie un caractère de parfaite exactitude sans la bienveillance de M. Borel d'Hauterive, qui a consenti à mettre à ma disposition et ses souvenirs, et tous les papiers qui lui restaient de son frère. — Je n'ai eu qu'une démarche à faire auprès de M. Théophile Gautier pour qu'il voulût bien, avec sa bienveillance habituelle, évoquer tous ces pauvres spectres du *Château du Souvenir*. Je l'en remercie ici profondément.

air de cantique. Il n'y avait pas de quoi
pousser aux armes les populations, et Tyrtée
en son temps dut faire mieux que cela.

> Grand ami de la science,
> Pour instruire les humains,
> De frères ignorantins
> Il inonde notre France.
> Bénissons à jamais
> De Villèle en ses bienfaits.

Non, l'*influence secrète* n'avait pas dicté
la chanson. Mais on était en 1824; Pétrus
avait quinze ans ! On cria au prodige, et
la famille sans doute demanda plus d'une
fois au dessert tous les couplets du *poëme*.

> Il a sauvé la France
> Du péril le plus grand,
> Et par son trois-pour-cent
> Il répand l'abondance...

Au sortir de l'atelier de Garnaud, Pétrus
Borel entra chez un autre architecte,
Bourlat, ce qui a fait dire à quelques bio-
graphes que l'auteur des *Rhapsodies* avait
été maçon. Point du tout. Et pourtant,
Pétrus aurait tenu la truelle et gâché le

plâtre que je ne m'en étonnerais pas! Il était singulièrement ardent, indomptable, prêt à tout. Que n'aurait-il pas fait! Il y avait alors au boulevard du Temple un Cirque célèbre, le fameux Cirque où les légendaires Franconi offraient aux Parisiens le spectacle d'un tigre qui valsait et dansait la gigue. Ce Cirque fut détruit par un incendie. On le remplaça par une façon de vaste théâtre où l'on joua de tout un peu : des vaudevilles et des pantomimes, des féeries, et mieux que cela, des drames militaires. *L'Ancien Cirque !* Vous souvenez-vous de ce nom magique pour les babys affamés de bataille et de poudre? Vous rappelez-vous Murat, Masséna, Augereau, Pichegru, Bonaparte *calme sur son cheval peu fougueux ?* Eh bien! ce Cirque, où l'on devait voir se succéder plus de combats qu'il n'en est d'inscrits sur l'Arc-de-Triomphe de l'Étoile, ce Cirque fameux, temple de la féerie, aujourd'hui souvenir et poussière, ce fut Pétrus Borel qui en donna les plans, ce fut lui qui en surveilla la construction. Lui non plus ne connaissait pas d'obstacles, ce poëte qui osait ainsi bâtir un repaire aux fusillades et aux calembours !

Il souffrait d'ailleurs, il souffrait beaucoup d'être obligé de construire des maisons aux lignes droites et froides, et il avait en particulier une aversion profonde pour l'architecture utilitaire. Et l'architecture antique ! Il la détestait. Parlez-lui du gothique au moins, des sombres nefs, des sculptures macabres, des goules et des guivres, et de tout l'attirail farouche du passé ! Mais il fallait vivre. Aussi bien, en 1829, il s'établit architecte, il entreprit des constructions pour son compte. Mais décidément l'architecture ne voulait pas de lui. Son style parut un peu trop fantaisiste ; les propriétaires, amis des constructions classiques, se plaignirent. Pétrus plaida. A la fin, les juges, les procès, les condamnations le fatiguèrent. Un jour, c'était je crois la quatrième maison qu'il bâtissait, on blâmait son exécution. La maison était presque achevée. Pétrus ne répliqua rien, mais il donna l'ordre de tout démolir.

Comment conserver une clientèle avec ce caractère intraitable ? Pétrus était pauvre ; n'importe, il renonça à ce dur métier et jeta les épures, l'encre de Chine, la règle et le compas aux orties, et il se fit littérateur pour tout de bon, littérateur et un peu peintre aussi, car il étudia dans l'atelier d'Eugène Devéria, ce Devéria qu'on appela un moment le Paul Véronèse de la France, comme on nomma Pétrus Borel le réformateur de la langue.

Je ne voudrais pas m'engager à croire sur parole toutes les autobiographies, et pleurer sur toutes les pièces de vers des poëtes élégiaques serait risquer un peu d'être dupé. Il ne faut cependant pas être trop sceptique en matière de larmes. Les vers de Pétrus Borel sont souvent personnels. Il souffre, il se plaint ; je veux bien croire qu'il y a dans sa douleur quelques exagérations ; cette fois, le désespéré se regarde un peu trop dans la glace ; — pourtant, comment ne pas se sentir ému par ce cri, par ce sombre aveu qui éclaire tristement l'époque de ses débuts ?

Que de fois, sur le roc qui borde cette vie,
Ai-je frappé du pied, heurté du front d'envie,
Criant contre le Ciel mes longs tourments soufferts :
Je sentais ma puissance et je sentais des fers !
Puissance..., fers..., quoi donc ? — Rien ! Encore un
Qui ferait du divin ; mais sa muse est muette, [poëte
Sa puissance est aux fers. — Allons ! on ne croit plus,
En ce siècle voyant, qu'aux talents révolus.
Travaille, on ne croit plus aux futures merveilles.
Travaille !... Et le besoin qui me huile aux oreilles,
Etouffant tout penser qui se dresse en mon sein !
Aux accords de mon luth que répondre ?... J'ai faim !

o

J'ai faim ! C'est le dernier mot du livre
les Rhapsodies. Il revient plusieurs fois sous
la plume de Borel. Le poëte met souvent
en tête de ses vers des épigraphes qui
sentent la misère ; il cite, en parlant d'un
de ses frères, Bénoni Borel, mort tout
jeune, une ligne de Condorcet : « Sa jeunesse ne fut pas toujours à l'abri du besoin. »
La remarque pouvait s'appliquer à lui-
même. Mais il portait sa misère comme le
jeune Spartiate portait le renard qui lui ron-

geait la poitrine. Sa belle tête souriait.

A mon air enjoué, mon rire sur la lèvre,
Vous me croyez heureux, doux, azyme et sans fièvre...

Il passait, vêtu de son costume de *bou-singo* : le gilet à la Robespierre, sur la tête le chapeau pointu et à large boucle des conventionnels, les cheveux ras à la Titus, la barbe entière et longue au moment où personne encore ne la portait ainsi, l'œil superbe, les dents magnifiques, éblouis-santes, un peu écartées, beau comme Al-phonse Rabbe, cet autre révolté qu'on ap-pelait *l'Antinoüs d'Aix* (1). A le voir ainsi, insolemment beau, triomphant, on n'eût pas deviné ce qu'il souffrait. Ce même homme pourtant, l'effarement des bour-geois, l'envie des jeunes gens, la curiosité des femmes, dissimulait une douleur pro-

(1) Voyez sur Rabbe mon petit volume intitulé *Elisa Mercœur, H. de la Marvonnais, George Farcy, Ch. Dovalle, Alphonse Rabbe* (Paris, Bachelin. De-florenne. In-18, 1864). — C'est le point de départ de ces études sur *les Contemporains oubliés.*

fonde — et pis que des mélancolies — des tiraillements d'estomac.

Au temps où il était encore architecte, il logeait dans les caves des maisons qu'il construisait, rue Fontaine-au-Roi, dans un quartier de Paris alors terriblement désert. Il vivait là, il y dormait, il y mangeait. Ses repas se composaient littéralement de pommes de terres cuites sous la cendre et arrosées d'eau. Le dimanche seulement, comme extra, comme dessert, comme sacrifice au luxe, on les assaisonnait de sel. D'ailleurs point de fausse honte. Il invitait ses amis à le venir visiter dans ses huttes. Il ne doutait de rien. « Venez *dîner*, » leur sait-il. Au fond, son cœur s'ulcérait. Le premier germe de cette misanthropie farouche qu'il allait, moins par mode que par nature, pousser jusqu'à la lycanthropie, date assurément de ces heures-là. Pétrus était ambitieux. Point d'envie, nulle passion basse, mais le désir immense de prendre sa place et de la conquérir, une place assez large pour sa nature superbe. Pour cela il faut du temps. Attendre ! Mais c'est le supplice pour les impatients et les audacieux. Les fauves sont nés fauves et les castors castors.

Pétrus les voyait donc passer les heures longues et lourdes. Il se rongeait les poings et désespérait. Pourtant il avait son clan, ses amis, ses Séides ai-je dit. Mais la misère !... Plus tard, en des jours de gêne plus atroces, — jugez de sa douleur, de son amertume, de sa colère, — il devait enterrer son chien, son beau chien qu'il adorait, et tasser la terre avec ses pieds, et rester là, immobile, sur la tombe de l'animal qu'il ne pouvait plus nourrir et qu'il ne voulait pas abandonner ou céder à un autre.

— Oui, le lycanthrope souffrait autrement qu'en vers.

II

LES ROMANTIQUES.

Il faut se demander bien exactement ce que voulaient et ce que cherchaient les romantiques de 1830, j'entends non pas les réformateurs, les chefs d'école et les maîtres, mais les disciples, les romantiques de la deuxième heure, les *jeunes gens*, comme dit l'auteur de *Victor Hugo raconté par un témoin de sa vie*. Ces romantiques-là, les romantiques de vingt ans, n'étaient pas et ne songeaient pas à être des réformateurs. A quoi bon? Ils étaient tout simplement des tapageurs.

Le bruit leur plaisait, le bruit et la couleur. On était alors républicain, parce que les costumes de conventionnels sont plus pittoresques que les redingotes des bourgeois; on aimait les révolutions, parce qu'une révolution fait du tapage et désennuie (1). On était bien aise de voir partir Charles X pour l'exil, parce que le brillant comte d'Artois était devenu un vieillard long et maigre, et que tout roi qui se respecte doit être un Antinoüs. On criait pour crier, en haine du convenu, du bourgeois et du poncif. On s'habillait de gilets cerise : on portait ses cheveux longs comme un Raphaël, ou ras comme un duc d'Albe ; on affichait une tenue « truculente » par haine pure des boutiquiers ou des académiciens. Académicien ! quelle injure, alors ! Tout homme à tête chauve était académicien de droit, et, à ce titre, subissait le mépris des *bousingos* en gaîté. On détestait les bourgeois, comme les étudiants, les « maisons moussues » de Heidelberg, détestent les *philistins*. On s'enivrait de sons et de couleur. On était romantique par horreur du gris, — tout simplement — par amour du carmin ou de l'indigo.

(1) Qu'est-ce qu'une révolution ? Des gens qui se tirent des coups de fusil dans les rues. (THÉOPHILE GAUTIER. — Préface des *Jeune-France*.)

Cependant, Pétrus Borel prenait son rôle au sérieux. Il ne désespérait pas de devenir tribun. Il s'emportait de bonne foi contre les ouvriers qui venaient d'effacer les blessures — la *constellation* — des balles de l'Institut.

!l est donc vrai, Français ! ô Paris, quel scandale !
    Quoi ! déjà subir un affront !
Laisseras-tu voiler par une main vandale
    Les cicatrices de ton front ?
Juillet, il est donc vrai qu'on en veut à tes fastes,
    Au sang épanché de ton cœur !
Badigeonneurs maudits ! nouveaux iconoclastes !
    Respect au stigmate vainqueur !

S'il ne s'était point battu dans *les glorieuses*, c'est que son père l'avait fait prisonnier chez lui, l'avait renfermé pendant trois jours. Quelle ivresse ! entendre les balles siffler par les rues hier si paisibles; sentir cette fumée, voir ces héros noirs de poudre se ruer contre les bataillons, les pavés se dresser, les cadavres tomber ! Quel spectacle nouveau pour un poëte sombre et pour un peintre ennemi du *poncif !* Car beaucoup de ces *jeunes gens* ne virent pas autre chose, soyez-en persuadé, durant les journées de juillet. Pétrus Borel fut-il de ceux-là? J'en doute. Il est sincère, il salue avec émotion ceux qui sont tombés.

O vous qui sur le front avez une auréole,
Vous qu'à regret la mort cueillait,
Salut, Farcy! salut Arcole!
Salut aux héros de juillet!

Donc Pétrus Borel était républicain, mais d'un républicanisme étrange, avouons-le; — ces républicains-là deviennent trop vite des réactionnaires; — il était *républicain-lycanthrope* (1), républicain-artiste : sur la tête le bonnet phrygien, aux lèvres le papelito espagnol; volontiers il eût

(1) Oui! je suis républicain, mais ce n'est pas le soleil de juillet qui a fait éclore en moi cette haute pensée; je le suis d'enfance, mais non pas républicain à jarretière rouge ou bleue à ma carmagnole, pérorateur de hangar, et planteur de peupliers; je suis républicain comme l'entendrait un loup-cervier : mon républicanisme, c'est de la lycanthropie! Si je parle de république, c'est parce que ce mot me représente la plus large indépendance que puissent laisser l'association et la civilisation. Je suis républi-

allumé sa cigarette avec les *Droits de l'Homme*, et chanté Robespierre sur une guitare. Gonzalve de Cordoue ou Bernard de Carp'o étaient ses héros de prédilection autant que Danton ou Saint-Just. Quoi qu'il fît, il voyait surtout dans la prise de la Bastille le spectacle curieux de ces combattants aux costumes hybrides qui montaient à l'assaut avec ce qu'ils avaient arraché au garde-meuble : « Ici, on aper-« cevait un déchireur de bateaux avec un « cuissard au bras ; là, un perruquier « perdu sous le casque de Charles IX ; « plus loin, un revendeur dans la panoplie « de François Ier, ou un maçon, plein de « vin et de sueur, dans l'armure auguste « de Bayard (1) ». Cette fois, le républicain cédait le pas au romantique.

cain parce que je ne puis pas être Caraïbe ; j'ai besoin d'une somme énorme de liberté : la république me la donnera-t-elle ? je n'ai pas l'expérience pour moi. Mais quand cet espoir sera déçu comme tant d'autres illusions, il me restera le Missouri ! (Pétrus Borel. — Préface des *Rhapsodies*.)

(1) L'idée de ces curieuses antithèses n'appartient pas à Borel. Je trouve ce qui suit dans le n° 2 des

C'est encore par amour de la couleur, j'aime à le croire, que Pétrus, le *Basiléophage*, comme il s'appelait, s'attaquait de temps à autre avec une si violente ardeur au roi Louis – Philippe, qui n'en pouvait mais et qui laissait dire. Il y a dans *Madame Putiphar* une singulière caricature de ce

---

Révolutions de Paris, de Prud'homme : « L'enlèvement des armes du garde-meuble de la couronne eut lieu dans la journée du mardi 13 juillet. Ces armes étaient en général fort belles, mais le nombre n'en était pas considérable. Ce qui pourtant offrait des contrastes dignes des méditations du sage, c'était de voir les armes de François Ier, d'un Turenne, d'un Vendôme, du grand Condé, de Charles IX, de Richelieu, de Louis XIV même, dans les mains d'un forgeron, d'un possesseur de marmottes, d'un clerc du palais, ou d'un garçon perruquier.... »

Nil novi sub sole. Seulement Prud'homme ne se contente pas de faire ressortir l'antithèse pittoresque du spectacle. L'écrivain patriote ajoute bien vite :

« Ces mêmes armes, qui pour la plupart n'avaient été employées que pour asservir des hommes, pour protéger l'injuste cause de l'horrible despotisme, défendaient enfin l'auguste liberté, et les droits imprescriptibles et saints de l'équité, de la nature. »

(*Révolutions de Paris, dédiées à la Nation. N° 2.— Du samedi 18 au 25 juillet 1789.*)

grand honnête homme qu'on nommait un
tyran, et qui ne s'opposait point à ce qu'on
le *pourtraictât* ainsi tout vif. Borel l'appelle tout simplement « un homme aux
« mains crochues, portant pour sceptre une
« pince ; une écrevisse de mer gigantesque ;
« un homard n'ayant point de sang dans
« les veines, mais une carapace couleur
« de sang répandu ! » Pauvre roi calomnié,
qui pourtant avait assez d'esprit pour rire
de ces excès, et assez de bonté pour leur
pardonner !

Nous savons donc de quelle façon nos
bousingos entendaient la République. Parmi eux, il y en avait qui ne l'entendaient pas
du tout, Théophile Gautier entre autres.
Le reste haïssait surtout les boutiquiers et
les bourgeois. En ce temps-là, Gérard, le
bon Gérard, Gérard de Nerval, l'homme le
plus doux de la terre, écrivait :

Et comment vous le faut-il cet or, mademoiselle ?
Le faut-il taché de sang, ou taché de larmes ? Faut-il
le voler en gros avec un poignard, ou en détail avec
une charge, une place, ou une boutique ?

Il ajoutait, en vers cette fois :

Car la société n'est qu'un marais fétide
Dont le fond, sans nul doute, est seul pur et limpide,
Mais où ce qui se voit de plus sale, de plus
Vénéneux et puant, vient toujours par-dessus !
Et c'est une pitié ! c'est un vrai fouillis d'herbes
Jaunes, de roseaux secs épanouis en gerbes,
Troncs pourris, champignons fendus et verdissants,
Arbustes épineux croisés dans tous les sens,
Fange verte, écumeuse, et grouillante d'insectes,
De crapauds et de vers, qui de rides infectes
Le sillonnent, le tout parsemé d'animaux
Noyés, et dont le ventre apparaît noir et gros.

Le tout pour rire, n'en doutez pas, et pour le plaisir d'arriver premier dans ce steeple-chase à l'originalité qu'on avait alors affiché dans ce nouveau cénacle. Ils étaient là tous, en effet, un groupe ardent, bouillant, spirituel; enragés de nouveauté, de curiosité, de couleur et de rimes riches, enfiévrés de rénovation, de formules non vieillies, de phrases non clichées. Affiliés à la Marianne romantique, ils avaient juré haine et malheur à cette société de bourgeois, à cet art de philistins, à cette littérature de gens enrhumés. Tous, jeunes, l'œil enflammé, la poitrine aspirant l'air à pleins poumons, pleins de feu, pleins de vie, ils marchaient à la conquête de la Toison-d'Or ; mais on les eût fort irrités en les appelant Argonautes. Par la Pâques-Dieu ! les réminiscences grecques étaient alors les mal venues ! A la tête du bataillon marchait Pétrus Borel. Il était le plus vieux ; il avait déjà, à l'heure où les autres n'étaient que des poëtes inédits, il avait un volume de vers imprimé ; il avait des maîtresses et des aventures ; il était superbe et imposant. Dans l'atelier de Devéria, chez Louis Boulanger, chez Célestin Nanteuil, on l'appelait aussi le *maître*. Puis venait Théophile Gautier, Théo, qui admirait de bonne foi les *Rhapsodies*, lui qui avait déjà fait *Albertus*, Théo déjà maître de son rhythme, déjà poëte, déjà Gautier !.. — Puis c'était Gérard, qui annonçait un volume d'*Odelettes* et qui traduisait *Faust* ; c'était M. Maquet, Augustus Mac-Keat, Joseph Bourchardy, le petit Bouchardy, comme on disait ; c'était Alphonse Brot, Philadelphe O'Neddy

(M. Dondey), Napoléon Thom, le peintre ; Jules Vabre, l'architecte, ce Vitruve nouveau qui voulait écrire aussi sur son art, et qui annonçait un *Essai sur l'incommodité des commodes,* un livre célèbre avant de naître, et que personne ne fera !

Groupe à jamais dispersé, poignée de courageux esprits, association de rêves et d'espoirs, de gaietés et d'ambitions, de joyeuses folies et de sombres tristesses ! Qu'est devenu ce clan d'appelés dont beaucoup furent des élus ? Demandez au hasard, au mélodrame du boulevard et au roman de longue haleine, au labeur sans trêve, au découragement, à l'ombre, à la tombe..... Pour les retrouver tous, ces *vaillants* de 1830, il faut suivre un des leurs, le plus illustre, vers le brumeux *Château du Souvenir.* — Tenez, le pont levis est baissé, la porte crie sur ses gonds ; elle s'ouvre, entrez. Les voilà tous. Grâce à ce puissant qui leur a survécu — (aux morts et aux vivants), — ils ne mourront donc pas ?...

Les vaillants de dix-huit-cent-trente,

Je les revois tels que jadis.
Comme les pirates d'Otrante
Nous étions cent, nous sommes dix.

L'un étale sa barbe rousse
Comme Frédéric dans son roc ;
L'autre superbement retrousse .
Le bout de sa moustache en croc.

.....Celui-ci me conte ses rêves,
Hélas ! jamais réalisés,
Icare tombé sur les grèves
Où gisent les essors brisés....

Drapant sa souffrance secrète
Sous les fiertés de son manteau,
Pétrus fume une cigarette
Qu'il baptise papelito.

On les retrouve tous, ces noms, avec beaucoup d'autres, oubliés aujourd'hui, dans cette histoire de l'école romantique qui s'appelle *Victor Hugo raconté par un témoin de sa vie*. Tous, en effet, firent ce qu'on appelait les *campagnes romantiques*, campagne d'*Hernani* et campagne de *Lucrèce Borgia* ; tous prirent part à cette unique soirée du *Roi s'amuse*, où Lassailly brisa les banquettes pour s'en faire une arme contre les

Philistins (1). Pétrus Borel représentait quelque chose comme cent cinquante fidèles ; les ateliers lui obéissaient, et Victor Hugo traitait avec lui comme avec un homme qui dispose de trois cents mains. Il aurait pu crier comme Ernest de Saxe-Cobourg en voyant des vieillards siffler : —A la guillotine, les genoux ! Il était des plus acharnés parmi ces indomptables. Il eût volontiers rétabli la peine de mort en matière littéraire, massacré l'Académie en masse, et M. Jay en particulier, ce M. Jay, qui consentait alors à appeler Victor Hugo un jeune homme *heureusement doué* (2). De

---

(1) Il y aurait un livre semblable à celui-ci à écrire sur cet autre excentrique à qui M. Charles Monselet a consacré déjà une notice excellente (voy. ses *Statuettes comtemporaines*). Lassailly n'est pas sans rapports avec Pétrus Borel. Quelle séduisante tête à l'envers ! C'est Lassailly qui fait dire à son héros de prédilection, Trialph, cette belle parole à une jeune fille qu'il voit pour la première fois : *Mademoiselle, je vous aime autant que la République !* Mais nous ne renonçons pas à écrire l'histoire de Charles Lassailly.

(2) Voy. la *Conversion d'un romantique*, manusc

cette époque date la grande autorité de Pétrus Borel. On s'était jusqu'alors réuni d'ordinaire dans l'atelier de Jehan Duseigneur, *le sombre atelier*, comme dit Philothée O'Neddy — (M. Dondey avait renoncé à son prénom de *Théophile* à cause de M. Gautier), et là, en barbe Jeune-France, *en costume d'orghie*, bien longtemps on avait fumé, causé, disserté, divagué. Cet atelier de Jehan Duseigneur se trouvait situé près du Luxembourg, dans la rue de Madame, je crois, et à l'entresol, dans une boutique, à côté d'un magasin de fruiterie. Ce que ces murailles entendirent de théories incendiaires et de paradoxes fulminants, de rimes folles et de poésies merveilleuses, vous pouvez vous le figurer. Théophile Gautier nous le donne à entendre dans ce livre des *Jeune-France*, livre merveilleux, qui est bien le tableau le plus curieux, le plus complet ;

scrit de Jacques Delorme publié par A. Jay. (Paris, Moutardier, 1 vol. in-8°, 1830. Mon exemplaire porte cette dédicace : *A M. Jouy. — A. Jay.* (s)

e plus original, le plus séduisant des folles
nœurs de ce petit clan (1).

Mais on se lasse de tout. Ils se lassèrent
le l'atelier de Jehan Duseigneur , Pétrus
Borel surtout , l'homme assoiffé de soli-
ude. En ce temps-là, il s'était épris déjà
le belle passion pour Robinson et Ven-
lredi ; il rêvait, l'ambitieux , l'île déserte
ouhaitée par nous tous au lendemain d'une

(1) Il y a eu à cette époque et un peu auparavant
ine série d'associations, de réunions, de *clans* litté-
aires, puisque j'ai dit ce mot, qui désormais appar-
iennent à l'histoire. Il y eut le *cénacle* où M. Sainte-
euve, les frères Deschamps, Victor Hugo, complo-
èrent la révolution romantique ; — il y eut les
epas politiques des Marseillais de Paris , Alphonse
labbe, Thiers, Mignet ; — il y eut les réunions dont
arle Etienne Delécluze dans ses *Souvenirs*, et où
raternisaient Loyson, Stapfer, M. Patin , les ré-
acteurs du *Courrier français ;* il y eut la *Childebert*
ù se réunissaient les jeunes peintres et d'où partit
ette charge énorme du *nez de Bouginier* qui fit le
our du monde ; deux ans plus tard Arsène Houssaye
evait fonder cette autre académie libre et charmante
e la rue du Doyenné. On savait autrefois se réunir
t s'entr'aider ; on vit seul aujourd'hui. Plus de.four-
ilière ; chacun, hélas ! est un *formicaleo* qui attend
a proie et la dépèce comme il peut.

lecture de de Foé ; il voulut essayer, en plein Paris, de vivre de la vie du sauvage, libre comme l'air, et le voilà qui va s'établir au haut de la rue Rochechouart, dans une maison presque isolée et aujourd'hui démolie. Le clan suivit. On se blottit au hasard, sous des tentes. C'était en été, et il faisait chaud. Quelle belle occasion pour s'exercer à l'emploi de Caraïbe ! Pendant que sur le coteau de Ménilmontant les Saints-Simoniens revêtaient un uniforme d'ordonnance, nos Caraïbes du coteau de Rochechouart jetaient tout costume au diable et vivaient nus, exactement nus, couchés sur des tapis ou sur des peaux de bêtes. On les appelait avec effroi, dans le quartier, le *Camp des Tartares*. Tout allait bien dans les premiers jours, mais le propriétaire se plaignit ; nos sauvages faisaient du bruit, et beaucoup ; les voisins grommelaient. On parlait vaguement d'agents de police et de commissaire. Le propriétaire se fâcha et mit nos philosophes à la porte. Et les Tartares se retirèrent, non sans réclamations. Il y eut même, dit la

renommée, un trait de Parthe qu'ils lan-
cèrent en s'éloignant : sans plus de façon.
et pour protester, ne mirent-ils pas le feu à
la loge du concierge ?

Parfois il venait à Pétrus Borel comme
des bouffées de remords. Il s'interrogeait
alors, se tâtait le pouls ; il s'écriait :

De bonne foi, Jules Vabre,
Compagnon miraculeux,
Aux regards méticuleux
Des bourgeois à menton glabre,
Devons-nous sembler follet
Dans ce monde où tout se range !
Devons-nous sembler étrange,
Nous, faisant ce qu'il nous plaît !

Dans Paris, ville accroupie,
Passant comme un brin sur l'eau,
Comme un vagabond ruisseau
Dans une mare croupie.
Bohémiens, sans toits, sans bancs,
Sans existence engaînée,
Menant vie abandonnée,
Ainsi que des moineaux francs
Au chef d'une cheminée !

Chats de coulisse, endêvés,
Devant la salle ébahie
Traversant, rideaux levés,
Le théâtre de la vie.

Mais il redresse bien vite la tête, il reprend sa tournure fière—et nargue des sots qui ne vaudront-jamais les fous ! De la rue de Rochechouart il alla demeurer rue d'Enfer, dans une maison qu'il avait louée tout entière. On célébra l'emménagement par une fête colossale. C'était en 1832. M. Alexandre Dumas venait justement de donner au square d'Orléans une nuitée dont tout Paris— il y avait déjà un *tout Paris* — avait parlé, et M. Dumas a raconté comment, en quelques jours, en quelques heures, Louis Boulanger, Célestin Nanteuil, J. J. Grandville, Delacroix, lui avaient décoré une salle de bal hyperbolique. Rue d'Enfer, Pétrus Borel voulut organiser la parodie de cette fête. Il y invita Alexandre Dumas lui même. La maison n'avait qu'un étage et un entresol. Au premier, on dansait, on allumait du punch, on chantait. Le rez-de-chaussée avait été converti en infirmerie. A mesure qu'un combattant succombait, les gens valides le descendaient jusqu'à cette salle de convalescence. Ah ! la gaîté exubérante, la verve folle, la santé ! On était jeune, on était fou, et l'on ne faisait de mal à personne. De tous les convives, Alexandre Dumas se montrait le plus voluptueux et le plus raffiné : il mangeait de la crème dans un crâne ! Souvenez-vous de la grande orgie fantaisiste,—un souvenir peut-être,—dans les *Jeune-France* de Théophile Gautier.....

« Le tapage continuait de plus belle ;
« c'était un bruit unique composé de cent
« bruits, et dont on ne rendrait compte
« que très-imparfaitement, même avec le
« secours des onomatopées. Des juremenṭs,
« des soupirs, des cris, des grognements,
« des bruits d'assiettes cassées..... Pan,
« pan !—Glin, glin ! — Brr... — Humph !
« —Fi ! — Euh ! euh !—Pouah !—Frou !
« frou ! —Clac ! — Aïe ! aïe ! — Ah ! —
« Oh ! —Paf ! — Ouf !—Tous ces bruits
« finirent par s'absorber et se confondre
« dans un seul, un ronflement magistral
« qui aurait couvert les pédales d'un
« orgue. »

III

LES RHAPSODIES.

Il est temps de dire ce qu'était et ce que valait le recueil de vers de Pétrus Borel. Je l'ai là, sous les yeux, ce petit volume dont les gravures et les caractères parlent éloquemment de ce temps passé (1). Le frontispice nous représente Pétrus, non

(1) *Rhapsodies*, par Pétrus Borel (Paris, Levavasseur, Palais-Royal. 1832. Imprimerie de A. Barbier). Sur la couverture, ces vers en épigraphe (caractères gothiques) :

> Vous dont les censures s'étendent
> Dessus les ouvrages de tous,
> Ce livre se moque de vous.
> MALHERBE.

Sur la première page, autre épigraphe :

> Hop! hop! hop!
BURGER.

Dans ses curieux articles intitulés *Mélanges tirés*

pas en *costume d'orgie*, mais en *costume de politique*, un bonnet phrygien sur la tête,

d'une petite bibliothèque romantique (publiés en 1862 dans la *Revue anecdotique*, 2e semestre, nᵒˢ 3 à 7), M. Charles Asselineau a décrit ainsi la gravure au vernis mou qui sert de frontispice à la première édition : « Un jeune homme coiffé du bonnet phrygien, « assis sur un escabeau et appuyé sur une table « recouverte d'un tapis où sont brodés ou peints des « *cœurs*. L'homme est en chemise et bras nus, et « tient à la main un long et large couteau dont il « paraît vouloir percer les cœurs brodés sur le tapis. » J'ai bien regardé ; ce ne sont pas des cœurs, mais des dessins quelconques, des feuillages. L'homme ne veut pas percer ces dessins, ou ces *cœurs*. Il est évident que la gravure n'est que l'illustration de la pièce intitulée *Sanculottide* (p. 16), où le poëte promet à son poignard la mort d'un *tyran* :

Dors, mon bon poignard, dors, vieux compagnon fidèle,
Dors, bercé par ma main, patriote trésor !
Tu dois être bien las ? sur toi le sang ruisselle,
Et du choc de *cent coups* ta lame vibre encor !

Cent coups, en vérité ? Pétrus Borel, vous vous vantiez ! Mais encore un fois, toute cette belle fureur ne sortait pas du *Camp des Tartares*.

M. Ch. Asselineau décrit ainsi la deuxième édition des Rhapsodies :

1833. — Deuxième édition. Bouquet, successeur de Levavasseur, au Palais-Royal. Même tirage. Le les bras et le cou nus, un poignard à la main. Dans le volume même, deux vignettes lithographiées signées T. Napol, — lisez Napoléon Thomas, — et représentant : la première, Pétrus Borel au cachot, une cruche, un pain noir, un carcan à ses côtés. Il est vêtu d'une lévite ouverte, avec le gilet républicain et les pantalons collants. Au cou, une haute cravate noire. La seconde vignette le montre assis à sa fenêtre, dans un fauteuil Louis XVI, le menton appuyé sur la main, songeant. Le soleil se couche au loin, une vigne grimpante l'entoure de ses feuilles et de ses brindilles. C'est un portrait fort ressemblant. Pétrus a les cheveux ras et la barbe longue. On dirait d'un ligueur vêtu en conventionnel. Cette seconde lithographie, mise en face de la pièce de vers intitulée *Ma croisée*, est toute naturelle. On s'explique facilement

frontispice au vernis mou est remplacé par une vignette à l'eau-forte de Célestin Nanteuil. — Annoncés sur la couverture : — Du même auteur : — *Faust, dauphin de France*, un fort volume in-18. — *Les Contes du Bousingo* (sic), par une camaraderie.

sa signification. Mais j'ai été plus intrigué par la première vignette, par ce cachot, cette cruche ébréchée et ce pain noir! La pièce de vers qu'elle illustre est en outre ainsi datée presque énigmatiquement : *Au cachot, à Ecouy, près Les Andelys*, 1831.

Oiseaux, oiseaux, que j'envie
Votre sort et votre vie !

Sans ambition qui ronge,
Sans bastille où l'on vous plonge,
Sans archevêque et sans roi !....

... Sans honteuse volupté,
Sans conjugaux esclavages,
Francs, volontaires, sauvages,
Vive votre liberté !

Pourquoi une telle apostrophe à ces républicains de l'air, les moineaux ; pourquoi cette diatribe contre la société ; pourquoi ces rapprochements socialistes qui font des hirondelles de Borel les confrères des *Bohémiens* et des *Gueux* de Béranger? Caprice de poëte ? Non pas. Pétrus Borel avait été véritablement arrêté, emprisonné, mis au pain et à l'eau.

Un matin du printemps de 1831, fantaisie lui avait pris d'aller en compagnie d'un ami, *bousingot* comme lui, visiter Rouen, qui pouvait leur montrer mainte maison gothique. Ils étaient partis à pied, sans façon, et tout en causant. Les voyez-vous cheminer avec leur costume insultant d'originalité et leurs chapeaux pointus dont les longs rubans leur descendaient au milieu du dos?

On les regardait d'un air ébahi, et un peu effrayé parfois. Dans les auberges, volontiers eût-on serré les couverts d'étain à leur arrivée. A Ecouy, on les arrêta. Voilà nos romantiques amenés par les gendarmes devant monsieur le maire ou monsieur le juge de paix. « Qu'alliez-vous faire aux Andelys? — Nous n'allions pas aux Andelys. C'est la patrie du Poussin, Nicolas Poussin, peintre hors de pair, mais classique en diable. Parlez-moi d'Hobbema, à la bonne heure ! — Vous dites ? fit le maire d'Ecouy. —Oui, citoyen, continua Borel, le paysage classique, avec de grandes lignes tracées à l'équerre et un temple rond se détachant sur un ciel bleu, ce paysage est faux, complétement faux, et je le prouve... — Vos papiers? demanda monsieur le maire, qui avait tressailli à l'épithète de citoyen. — Comment, mes papiers? dit Pétrus. Mes papiers! Quels papiers? — Parbleu! vos papiers: il n'y en a pas de plusieurs sortes. Vous n'avez pas de papiers?— J'en avais! répliqua solennellement Pétrus... je n'en ai plus. Mais si vous voulez vous donner la peine de suivre nos traces, vous trouverez certainement, si vous avez de bons yeux, ceux que nous avons semés le long de notre route! »

On les mit l'un et l'autre, Pétrus et son ami, au cachot, « sur la paille humide. » Le temps d'écrire à Paris et de recevoir une réponse, et je crois qu'ils demeurèrent prisonniers pendant quatre ou cinq jours.

Ce ne fut pas, au reste, la dernière fois que Pétrus tâta de la prison. Aux émeutes de juin 1832, des gardes nationaux qui le voient passer dans la rue l'arrêtent et le conduisent au poste. « Que me voulez-vous? demande Borel. Qu'ai-je fait pour être *embastillé ?* — Monsieur, dit le commandant du poste, inutile de feindre! *Vous avez la démarche républicaine !* »

On retrouve dans les *Rhapsodies* les échos de toutes ces excentricités et de toutes ces aventures. Aussi bien est-ce un livre curieux et précieux à plus d'un titre, hautain, irrité, farouche, féroce, au demeurant le plus amusant livre du monde. L'auteur n'a pas manqué d'écrire une préface. Un livre sans préface en 1831, chose impossible! Pétrus Borel commence la sienne ainsi :

Il faut qu'un enfant jette sa bave avant de parler franc; il faut que le poëte jette la sienne; j'ai jeté la mienne : la voici !... Il faut que le métal bouillonnant dans le creuzet (*sic*) rejette sa scorie; la poésie bouillonnant dans ma poitrine a rejeté la sienne. Ja voici !... — Donc, ces Rhapsodies sont de la bave et de la scorie. — Oui ! — Alors pourquoi à bon escient s'inculper vis-à-vis de la foule ? Pourquoi ne pas taire et anéantir ? — C'est que je veux rompre pour toujours avec elles ; c'est que, paraître que je suis, je veux les exposer, et en détourner la face ; c'est que tant qu'on regarde ces choses-là, on y revient toujours, on ne peut s'en détacher; c'est que sérieusement, une nouvelle ère ne date pas pour le poëte, qui sérieusement ne prend un long essor que du jour où il tombe au jour ; il faut au Peintre l'exposition, il faut au Barde l'impression.

Et de ce ton un peu solennel, avec des expressions cherchées et souvent trouvées, il continue sa profession de foi. « *Ceux qui liront mon livre me connaîtront : peut-être est il au-dessous de moi, mais il est bien moi.* » L'orgueil de Pétrus est là tout entier. « Voilà mes scories, semble-t-il dire, que penserez-vous donc de ma lave ! » Puis il se confesse : les confessions étaient de mode aussi. Son livre, dit-il, est un *ensemble de cris* ; il a souffert ; sa position *n'a rien de célestin* ; la dure réalité lui *donne toujours le bras*. Puis il s'exalte, il s'irrite, il s'inocule une colère qui devient singulièrement éloquente.

— Je ne suis ni bégueule ni cynique ; je dis ce qui est vrai... Jamais je ne me suis mélancolié à l'usage des dames attaquées de consomption. Si j'ai pris plaisir à étaler ma pauvreté, c'est parce que nos Bardes contemporains me puent avec leurs prétendus poëmes et luxes pachaliques, leur galbe aristocrate, leurs mômeries ecclésiastiques et leurs sonnets à manchettes ; à les entendre, on croirait les voir un cilice ou des armoiries au flanc, un rosaire ou un émerillon au

poing. On croirait voir les hautes dames de leurs
pensées, leurs vicomtesses... Leurs vicomtesses?...
Dites donc plutôt leurs buandières !

Le trait est sans doute dirigé contre
Lamartine. Borel ne pardonnait pas aux
Méditations de plaire aux académies. Après
cette entrée ou cette effraction en matière,
il donne la clef de toutes les dédicaces qui
émaillent les Rhapsodies et qui devaient un
peu surprendre alors le lecteur, car tous
ces noms n'étaient point connus.

Ce sont, dit-il, tous jeunes gens comme moi, de
cœur et de courage, qui font disparaître pour moi
la platitude de cette vie.

Des « camarades », mais non dans le sens
nouvellement donné à ce mot par Henri
Delatouche. Pétrus Borel combat à ou-
trance ce néologisme, la *camaraderie*, que
venait de créer l'auteur de *Fragoletta*. Il
n'aime pas plus M. Delatouche qu'il n'aime
les *Figarotiers*. Les *Figarotiers* ! Au fait,
que devaient-ils penser, ces railleurs impi-
toyables, des excès romantiques et des
bousingots ?

— C'est à vous, continue Borel, à vous, compa-

gnons, que je donne ce livre! Il a été fait parmi
vous, vous pouvez le revendiquer. Il est à toi, Jehan
Duseigneur le statuaire, beau et bon de cœur, fier
et courageux à l'œuvre, pourtant candide comme
une fille. Courage! ta place serait belle, la France
pour la première fois aurait un statuaire français. —
A toi Napoléon Thom, le peintre, air, franchise, poignée de main soldatesque, courage! tu es dans une
atmosphère de génie. — A toi, bon Gérard; quand
donc les directeurs gabelous de la littérature laisse-
ront-ils arriver au comité public tes œuvres, si bien
accueillies de leurs petits comités? — A toi, Vigneron,
qui as ma profonde amitié; toi qui prouves au lâche
ce que peut la persévérance : si tu as porté l'auge,
Jamefay Duval a été bouvier. — A toi, Joseph Bouchardy, le graveur, cœur de salpêtre! — A toi,
Théophile Gautier. — A toi, Alphonse Brot! — A toi,
Augustus Mac-Keat! — A toi, Vabre! — A toi,
Léon! (1) — A toi, O'Neddy, etc.; à vous tous! que
j'aime.

Suit la profession de foi politique, un
parallèle entre Saint-Just et Buonaparte,
une malédiction à l'ordre régnant, — et
cette conclusion demeurée célèbre : « Heu-
« reusement que, pour se consoler de
« tout cela, il nous reste l'adultère, le ta-
« bac de Maryland et du papel español por

(1) Léon Clopet, architecte.

« cigaritos. » Puis il chante. Il y a trente-quatre pièces de vers dans son recueil, toutes inspirées par une sauvagerie excessive, une âpreté d'idées presque toujours originale.—Les vers sont durs, rocailleux, bizarres, pleins de hiatus, souvent obscurs, quelquefois incompréhensibles, — et pourtant, en dépit de cette faiblesse de versification, malgré tous les défauts, malgré l'uniformité, malgré les grossissements de voix, il y a là un accent qui touche, une douleur qui étreint, une poignante mélancolie. La pièce à Jules Vabre, que j'ai citée, — une des meilleures et la meilleure peut-être du recueil, — est vraiment originale, vraiment émouvante. J'ai noté ces vers dans une pièce appelée *Désespoir*.

> Comme une louve ayant fait chasse vaine,
> Grinçant les dents, s'en va par le chemin,
> Je vais, hagard, tout chargé de ma peine,
> Seul avec moi, nulle main dans ma main ;
> Pas une voix qui me dise à demain.

Le dernier hémistiche est digne d'Antony :

> Mes pistolets sont là. *Déjouons le hasard !*

Les tristes souvenirs des nuits désespé-
rées, des jours sans pain, traversent amèrement ces poésies. « Allons, place ! s'écrie
Borel :

> ... Nouveau Malfilâtre,
> Je veux au siècle paraître
> Étaler ma nudité.

Nouveau Malfilâtre ! Mais un Malfilâtre
excessif, portant sa misère avec des airs
de capitan, sa douleur avec une bravade
insolente et une verdeur non brisée. Comparez les soupirs de l'ancien élégiaque
avec les rauques accents du nouveau.

> Autour de moi, ce n'est que palais, joie immonde,
>   Biens, somptueuses nuits,
> Avenir, gloire, honneurs : au milieu de ce monde,
>   Pauvre et souffrant je suis
> Comme, entouré des grands, du roi, du Saint-Office,
>   Sur le *quemadero*,
> Tous en pompe assemblés pour humer un supplice,
>   Un juif au *brasero !*

Puis l'idée de suicide revient souvent
encore dans les méditations de cet autre
Young :

Et moi, plus qu'une enfant, capon, flasque, gavache,
    De ce fer acéré
Je ne déchire pas avec ce bras trop lâche
    Mon poitrail ulcéré !
Je rumine mes maux : mon ombre est poursuivie
    D'un regret coutumier.
Qui donc me rend si veule et m'enchaîne à la vie ?...
    Pauvre Job, au fumier !

Une dernière citation pour bien faire connaître cette poésie rabique, un fragment de la pièce intitulée *Heur et Malheur*.

C'est un oiseau, le barde ! il doit rester sauvage ;
La nuit, sous la ramure, il gazouille son chant ;
Le canard tout boueux se pavane au rivage,
Saluant tout soleil, où levant ou couchant.
C'est un oiseau, le barde ! il doit vieillir austère,
Sobre, pauvre, ignoré, farouche, soucieux,
Ne chanter pour aucun, et n'avoir rien sur terre,
Qu'une cape trouée, un poignard et les cieux !
Mais le barde aujourd'hui, c'est une voix de femme,
Un habit bien collant, un minois relavé,
Un perroquet juché, chantonnant pour madame,
Dans une cage d'or, un canari privé ;
C'est un gras merveilleux, versant de chaudes larmes
Sur des maux obligés après un long repas,
Portant un parapluie, et jurant par ses armes,

Et, l'élixir en main, invoquant le trépas.
Joyaux, bal, fleur, cheval, château, fine maîtresse,
Sont les matériaux de ses poëmes lourds :
Rien pour la pauvreté, rien pour l'humble en détresse;
Toujours les souffletant de ses vers de velours.
Par merci! voilez-nous vos airs autocratiques;
Heureux si vous cueillez les biens à pleins sillons!
Mais ne galonnez pas comme vos domestiques
Vos vers, qui font rougir nos fronts ceints de haillons.
Eh! vous, de ces soleils, moutonnier parélie!
De cacher vos lambeaux ne prenez tant de soin,
Ce n'est qu'à leur abri que l'esprit se délie;
Le barde ne grandit qu'enivré de besoin !
J'ai caressé la mort, riant au suicide,
Souvent et volontiers, quand j'étais plus heureux;
Maintenant je le hais, et d'elle suis peureux;
Misérable et miné par la faim homicide.

Douleur factice, a-t-on dit, douleur réelle, à mon avis. J'ai prouvé tout à l'heure que Pétrus avait connu la faim ; ces cris sont bien réellement ceux d'une souffrance aiguë. Or, il se trouvait peu de gens autour du lycanthrope pour calmer ces maux réels ou imaginaires, ce qui est même chose comme résultat et comme torture. Les amis applaudissaient, la foule détournait la tête. C'est à peine si, de temps à autre, un encouragement ou un conseil arrivait à Pétrus comme une bouffée d'air frais, — par exemple cette lettre de consolation et d'espoir que Béranger lui écrivait après une lecture des Rhapsodies.

« MONSIEUR,

« Pardonnez-moi d'avoir autant tardé à vous remercier de l'envoi que vous avez bien voulu me faire de vos poésies. M. Gérard ne m'a donné votre adresse que depuis quelques jours.

« Si le métal bouillonnant a rejeté ses scories, ces scories font bien présumer du métal, et, dussiez-vous vous irriter contre moi de trop présumer de votre avenir, j'aime à croire qu'il sera remarquable. J'ai été jeune aussi, Monsieur, jeune et mélancolique ; comme vous je m'en suis souvent pris à l'ordre social des angoisses que j'éprouvais ; j'ai conservé telle strophe d'ode, car jeune je faisais des odes, où j'exprimé le vœu d'aller vivre parmi les loups. Une grande confiance dans la DIVInité a été souvent mon seul refuge. Mes premiers vers, un peu raisonnables, l'attesteraient; ils ne valent pas les vôtres; mais, je vous le répète, ils ne sont pas sans de nombreux rapports; je vous dis cela pour que vous jugiez du plaisir triste, mais profond, que m'ont fait les vôtres. J'ai d'autant mieux sympathisé avec quelques-unes de vos idées, que si ma destinée a éprouvé un grand changement, je n'ai ni oublié mes premières impressions, ni pris beaucoup de goût à cette société que je maudissais à vingt ans. Seulement aujourd'hui je n'ai plus à me plaindre d'elle pour mon propre compte, je m'en plains quand je rencontre de ses victimes. Mais, Monsieur, vous êtes né avec du talent, vous avez reçu de plus que moi une éducation soignée; vous triompherez, je l'espère, des obstacles dont la route est semée; si cela arrive, comme je le souhaite, conservez bien toujours l'heureuse originalité de votre esprit, et vous aurez lieu de bénir la Providence des épreuves qu'elle aura fait subir à votre jeunesse.

« Vous ne devez pas aimer les éloges ; je n'en ajouterai pas à ce que je viens de vous dire. J'ai pensé d'ailleurs que vous préfériez connaître les réflexions que votre poésie m'aurait suggérées. Vous verrez bien que ce n'est pas par égoïsme que je vous ai beaucoup parlé de moi.

« Recevez, Monsieur, avec mes sincères remercîments, l'assurance de ma considération et du plus vif intérêt.

« BÉRANGER. »

16 février 1832.

Il en eût fallu beaucoup de ces consolations à Pétrus Borel.

Mais il est assez curieux de voir ce que devient ce *désespéré*, ce violent, ce révolté, en face de sa famille et de ses amis. Au milieu des siens, le voici le meilleur et le plus paisible homme du monde, un peu nerveux, susceptible, agacé, au fond excellent. Il avait, ai-je dit, plusieurs frères, — l'un, Bénoni Borel, qui mourut tout jeune.

(Voyez dans son recueil la pièce *Larme à mon frère* , page 5 .)

Il dort, mon Bénoni, bien moins souffrant sans doute,
C'est le premier sommeil qu'aussi longtemps il goûte…

"L'autre, Bénédict, qui passait sa vie à élever des oiseaux, à la façon de M. Gama Machado ; un troisième, enfin, M. A. Borel d'Hauterive, l'auteur de tant de livres précieux, érudits et estimables sur l'art héraldique. Pétrus Borel avait aussi des sœurs, — ils étaient quatorze enfants, —et c'est à Mlle Victorine Borel qu'il adressait la lettre et les vers suivants, au moment même où il rimait des apostrophes incendiaires à la société.

Mlle Borel avait sans doute demandé à son frère des vers pour la fête de sa maîtresse de pension. Vous figurez-vous le lycanthrope écrivant des *Compliments* pour les institutions de demoiselles ?

Lisez (1) :

« Ma seule amie,

Je m'ennuyais tout-à-l'heure au bureau et tout en

(1) Ces vers sont inédits. L'écriture de Pétrus Borel

fredonnant l'air du *Pauvre Pierre* : *Pour aller venger la patrie, etc.*, j'ai improvisé quatre couplets; je dis improvisé parce que je les ai faits en moins d'une heure; je te les envoie sans perdre une minute pour qu'ils puissent te parvenir avant demain. Tu en feras ce que tu voudras. Je ne sais ce qu'ils valent. J'en suis trop plein pour les juger et d'ailleurs je n'ai pas le temps d'y retoucher. Je sais que les demoiselles connaissent et cherchent au piano l'air de cette romance. Je préférerais qu'on ne la chantât pas plutôt que de la mettre sur un autre air.

Adieu, ma chère sœur, je te presse sincèrement et participerai de cœur à la fête de demain.

PETRUS.

Ce 14, vendredi, 3 h. du soir.

Air du *Pauvre Pierre*.

Compagnes! l'aurore chérie
Dore le sommet du coteau
Et le passereau nous convie

que j'ai là, est fort curieuse. Il écrit en penchant ses caractères non de gauche à droite, mais de droite à gauche. Pourquoi? Par pur mépris de l'écriture ordinaire, et dite élégante, l'écriture enseignée par les Favarger. Aucun accent d'ailleurs; peu ou point de virgules. Si son orthographe (nous le verrons tout à l'heure) est archaïque, sa ponctuation est très-fantaisiste!

A célébrer un jour si beau.
Venez cueillir la pâquerette,
Venez tresser le romarin,
Le galoubet ouvre la fête.
Entendez-vous le tambourin?

Pour fêter une tendre mère
Unissons nos voix et nos cœurs;
Parons de festons sa chaumière,
Sur le seuil épanchons des fleurs.
Tout ici vante sa sagesse,
Tout le hameau bénit sa main.
Voyez quels transports d'allégresse!
Entendez-vous le tambourin?

Tant de bonté, de bienveillance,
Mérite plus que notre amour;
Pour tant de soins, de vigilance,
Comment la payer de retour?
A ses leçons soyons *fidelles*.
De la vertu c'est le chemin.
La voici, jeunes pastourelles!
Entendez-vous le tambourin?

J'ai cité cette chanson inédite, digne
d'un poëte de dessert, berquinade rimée,
verselets anodins, seulement pour faire
contraste avec les élucubrations de tout à
l'heure. Eh quoi! voilà ce loup-cervier,
cet Otaïtien, ce Caraïbe, qui se change

en pasteur Corydon ! Oui vraiment. Mais j'oubliais le dernier complet :

> Vive à jamais, vive Marie !
> A ses pieds, tombons à genoux,
> Son cœur s'émeut ! De notre vie
> Prolongeons un instant si doux !
> Que nos pleurs de reconnaissance
> S'épanchent en paix dans son sein.
> Qu'un autre chant d'amour commence.
> Entendez-vous le tambourin ?

Ah ! si M. de Jouy avait su que ces tigres devenaient parfois de tels agneaux !

Du reste, il faut l'avouer, Pétrus Borel est, certes, un versificateur original, quoique souvent maladroit ; mais, à vrai dire, ce n'est pas un poëte. Je pourrais citer d'autres vers encore, vous y trouveriez les mêmes défauts de facture, la même énergie d'expression et la même pauvreté d'images. J'ai de lui une autre pièce inédite, *les Vendeurs chassés du temple*, qui, publiée, n'ajouterait rien à sa réputation :

> Emporté par son zèle austère,
> Jésus dit à ses compagnons :
> — Quoi ! les affiliés des démons

De mon temple ont fait leur repaire ?
C'est une halle maintenant...

La chanson a quatre couplets. Pétrus voulait aussi philosopher sur l'air : *Elle aime à rire, elle aime à boire.*

Par exemple, il est beaucoup mieux inspiré dans d'autres pièces de ses *Rhapsodies*, dans la satire *Sur le refus du tableau : la Mort de Bailli par le jury.* En 1831, Louis Boulanger envoie au Salon un *Bailli marchant à la mort.* Le jury le refuse. Pourquoi ? Parce que les figures qui entourent Bailli sont trop laides. Louis Boulanger n'a pas mis de poudre de riz aux tricoteuses de la guillotine ! Grande faute. On rejette son tableau. Ah ! cette fois, Pétrus Borel s'insurge. Il s'agit de répondre à l'Institut. Ce sont des académiciens qui « ont fait le coup. » Quelle fantaisie leur a pris, cette fois, de s'ériger en défenseurs des jacobins enlaidis ? Vengeance ! Justice ! Écoutez Pétrus :

Laisse-moi, Boulanger, dans ta douleur profonde
Descendre tout entier par ses noirs soupiraux ;

Laisse immiscer ma rage à ta plainte qui gronde ;
Laisse pilorier tes iniques bourreaux...

Des bourreaux ? Oui, ces bourreaux ce sont les académiciens, les gens chauves, les tardigrades de l'Institut, les unaux du pont des Arts...

Détrimens de l'Empire, étreignant notre époque,
Qui triture du pied leurs cœurs étroits et secs ;
Détrimens du passé que le siècle révoque,
Fabricateurs à plat de Romains et de Grecs.
Lauréats, à deux mains retenant leur couronne
Qui, caduque, déchoit de leur front conspué,
Gauchement ameutés et grinçant sur leur trône
Contre un âge puissant qui sur eux a rué !

Cette satire de Pétrus Borel est le *Place aux jeunes !* de 1830. Elle est violente : mais la lutte était terrible entre les peintres classiques, froids bâtards de la solennelle école de David, et les nouveaux venus, ivres de couleur, les Devéria, les Delacroix, les Boulanger. Pétrus prit le parti de ses amis, et il fit bien. Il mordit et emporta le morceau. Le plus étrange, c'est qu'il y a deux ans cette satire eût encore été une actualité. L'Institut tenait bon sur sa chaise.

curule, il ne mourait ni ne se rendait, il résistait, — et il refusait. Maintenant les artistes se jugent et se condamnent eux-mêmes. L'Institut ne s'en consolera pas.

IV

CHAMPAVERT.

Un des livres les plus curieux, les plus bizarres, les plus excessifs de cette génération de 1830, c'est à coup sûr le *Champavert* de Pétrus Borel (1), livre sans équivalent, mystification lugubre, plaisanterie d'une terrible imagination. Pétrus le fait suivre, comme un défi, de ce sous-titre : *Contes immoraux!* Il le publie avec une autobiographie étrange, où il prétend que le lycanthrope Pétrus Borel est mort et que de son vrai nom il s'appelait *Champavert*. Un certain Jean-Louis aurait réuni et confié à

(1) Champavert, contes immoraux, par Pétrus Borel le lycanthrope. In-8°, 1833. Eug. Renduel, vignette sur bois de Gigoux. Elle représente André Vésale, ou plutôt *Andreas Vesalius*, montrant à sa femme les cadavres de tous ses amants enfermés dans une armoire.

l'éditeur les manuscrits, les papiers de Champavert. Pétrus ajoute que la tombe de Champavert est située « près du tom-
« beau d'Héloïse et d'Abélard, où vous
« pourrez voir une pierre brisée, moussue,
« sur laquelle, se penchant, on lit avec
« peine ces mots : *A Champavert*, Jean-
« Louis. » Ce n'est pas tout, il raconte la mort du lycanthrope dans tous ses détails, et comment Champavert, ayant tué sa maîtresse fatiguée de la vie, elle aussi,
« retira le fer de la plaie et, tête baissée,
« disparut dans la brume et la pluie. »

Le lendemain, à l'aube, un roulier entendit un craquement sous la roue de son chariot : c'était le squelette charnu d'un enfant.

Une paysanne trouva près de la source un cadavre de femme avec un trou au cœur.

Et, aux buttes de Montfaucon, un *écarisseur*, en sifflant sa chanson et retroussant ses manches, aperçut, parmi un monceau de chevaux, un homme couvert de sang ; sa tête, renversée et noyée dans la bourbe, laissait voir seulement une longue barbe noire, et dans sa poitrine un gros couteau était enfoncé comme un pieu. »

Pétrus Borel ne se contente pas de l'exposer à la Morgue, puis de l'enterrer ; il lui fait faire son testament, et Dieu sait quelles aimables réflexions il lui dicte !

J'en copierai quelques-unes. Elles peuvent faire une suite sinistre à l'*Album d'un pessimiste* d'Alphonse Rabbe :

On recommande toujours aux hommes de ne rien faire d'inutile ; d'accord, mais autant vaudrait leur dire de se tuer, car, de bonne foi, à quoi bon vivre ? Que quelqu'un me prouve l'utilité de la vie, je vivrai...

Le penser qui m'a toujours poursuivi amèrement, et jeté le plus de dégoût en mon cœur, c'est celui-ci : qu'on ne cesse d'être honnête homme seulement que du jour où le crime est découvert ; que les plus infâmes scélérats dont les atrocités restent cachées sont des hommes honorables, qui hautement jouissent de la faveur et de l'estime. Que d'hommes doivent rire sourdement dans leur poitrine, quand ils s'entendent traités de bons, de justes, de loyaux, de sérénissimes, d'altesses !

Si du moins les hommes étaient classés comme les autres bêtes ; s'ils avaient des formes variées suivant leurs penchants, leur férocité, leur bonté, comme les autres animaux ! S'il y avait une forme pour le féroce, l'assassin, comme il y en a pour le tigre et la hyène !

S'il y en avait une pour le voleur, l'usurier, le cupide, comme il y en a une pour le milan, le loup, le renard!...

Je ne crois pas qu'on puisse devenir riche à moins d'être féroce. Un homme sensible n'amassera jamais.

Et Pétrus daube sur les négociants, sur les marchands, sur les chambrelans, — des détrousseurs, des exploiteurs, des scélérats, à son avis. Tout cela dit avec une furie extrême, une haine qui paraît sincère, une affectation de désespoir farouche qui fait sourire. Voici comment Champavert parle de l'amour.

Qu'ils viennent donc les imposteurs, que je les étrangle! les fourbes qui chantent l'amour, qui le *guirlandent* et le *mirlitonnent*, qui le font un enfant joufflu, joufflu de jouissances, qu'ils viennent donc, les imposteurs, que je les étrangle! Chanter l'amour! Pour moi, l'amour c'est de la haine, des gémissements, des cris, de la honte, du deuil, du fer, des larmes, du sang, des cadavres, des ossements, du remords! Je n'en ai pas connu d'autre! Allons, roses pastoureaux, chantez donc l'amour!... Dérision! mascarade amère!

Il y a de tout dans cette préface lugubre,

et jamais la haine de l'humanité ne parla un tel langage :

Je répugne à donner des poignées de main à d'autres qu'à des intimes ; je frissonne involontairement à cette idée qui ne manque jamais de m'assaillir, que je presse peut-être une main infidèle, traîtresse, parricide !

Quand je vois un homme, malgré moi mon œil le toise et le sonde, et je demande en mon cœur : Celui-là, est-ce bien un probe, en vérité ? ou un brigand heureux dont les concussions, les dilapidations, les crimes, sont ignorés, et le seront à tout jamais ? Indigné, navré, le mépris sur la lèvre, je suis tenté de lui tourner le dos.

Pétrus va plus loin encore dans sa rage sourde :

Un pauvre qui dérobe par nécessité le moindre objet est envoyé au bagne ; mais les marchands, avec privilége, ouvrent des boutiques sur le bord des chemins pour détrousser les passants qui s'y fourvoient. Ces voleurs-là n'ont ni fausses clefs, ni pinces, mais ils ont des balances, des registres, des merceries, et nul ne peut en sortir sans se dire : Je viens d'être dépouillé. Ces voleurs à petit peu s'enrichissent à la longue et deviennent propriétaires, comme ils s'intitulent, — propriétaires insolents !

Au moindre mouvement politique, ils s'assemblent,

et s'arment, hurlant qu'on veut le pillage, et s'en vont massacrer tout cœur généreux qui s'insurge contre la tyrannie.

Stupides brocanteurs! c'est bien à vous de parler de propriété, et de frapper comme pillards des braves appauvris à vos comptoirs!... Défendez donc vos propriétés! mauvais rustres, qui, désertant les campagnes, êtes venus vous abattre sur la ville, comme des hordes de corbeaux et de loups affamés, pour en sucer la charogne; défendez donc vos propriétés!.... Sales maquignons, en auriez-vous sans vos barbares pilleries?... En auriez-vous, si vous ne vendiez du laiton pour de l'or, de la teinture pour du vin? empoisonneurs!

Pour s'enrichir, il faut avoir une seule idée, une pensée fixe, dure, immuable, le désir de faire un gros tas d'or; et pour arriver à grossir ce tas d'or, il faut être usurier, escroc, inexorable, extorqueur et meurtrier! maltraiter surtout les faibles et les petits! Et, quand cette montagne d'or est faite, on peut monter dessus, et du haut du sommet, le sourire à la bouche, contempler la vallée de misérables qu'on a faits.

Le haut commerce détrousse le négociant, le négociant détrousse le marchand, le marchand détrousse le chambrelan, le chambrelan détrousse l'ouvrier, et l'ouvrier meurt de faim.

Ce ne sont pas les travailleurs de leurs mains qui parviennent, ce sont les exploiteurs d'hommes.

Puis les vers succèdent à la prose, la prose aux vers. Ce sont les *Reliquiæ* du lycanthrope.

A CERTAIN DÉBITEUR DE MORALE.

Il est beau, tout en haut de la chaire où l'on trône,
Se prélassant d'un ris moqueur,
Pour festonner sa phrase et guillocher son prône
De ne point mentir à son cœur !
Il est beau, quand on vient dire neuves paroles,
Morigéner mœurs et bon goût,
De ne point s'en aller puiser ses paraboles
Dans le corps de garde ou l'égout !
Avant tout, il est beau, quand un barde se couvre
Du manteau de l'apostolat,
De ne point tirailler par un balcon du Louvre,
Sur une populace à plat !
Frères, mais quel est donc ce rude anachorète ?
Quel est donc ce moine bourru ?
Cet âpre chipotier, ce gros Jean à barète,
Qui vient nous remontrer si dru ?
Quel est donc ce bourreau, de sa gueule canine
Lacérant tout, niant le beau ,
Salissant l'art, qui dit que notre âge décline
Et n'est que pâture à corbeau ?
Frères, mais quel est-il ?... Il chante les mains sales,
Pousse le peuple et crie haro !
Au seuil des lupanars débite ses morales,
Comme un bouvier crie à huro !

Je ne dirai rien de la peine de mort, assez de voix éloquentes depuis Beccaria l'ont flétrie ; mais je m'élèverai, mais j'appellerai l'infamie sur le témoin à charge, je le couvrirai de honte ! Conçoit-on être témoin à charge ?... quelle horreur ! il n'y a que l'humanité qui donne de pareils exemples de monstruosité ! Est-il une barbarie plus raffinée, plus civilisée, que le témoignage à charge ?...

Dans Paris, il y a deux cavernes, l'une de voleurs, l'autre de meurtriers ; celle des voleurs c'est la Bourse, celle de meurtriers c'est le Palais-de-Justice.

Décidément l'auteur des *Rhapsodies* ne s'est pas amendé.

J'arrive maintenant à l'analyse de quelques-unes des nouvelles qui composent le livre. Le ton en est à peu près uniforme : doute, négation, amertume, colère, quelque chose de furieux et de comique à la fois. *Monsieur de l'Argentière l'accusateur* est l'histoire d'un procureur du roi que Pétrus appelle naturellement un *loup-cervier*. M. de l'Argentière a un ami et cet ami a une maîtresse. L'ami s'appelle Bertholin, la maîtresse se nomme Apolline. Bertholin est confiant ; il donne à son ami l'adresse d'Apolline, et M. de l'Argentière s'introduit furtivement chez la jeune fille. Ce qui se passe, vous le devinez. Il fait nuit, on n'y voit plus clair. Apolline prend le procureur du roi pour Bertholin et la jeune fille se trouve bientôt « face à face avec sa honte ». Quand Bertholin connaît l'affaire, il abandonne l'innocente infidèle, et Apolline, seule, misérable, jette l'enfant qui naît dans le ruisseau. On arrête l'infanticide, on la juge, et — dernière ironie ! c'est M. de l'Argentière qui l'accuse. Que fait Apolline ? Elle écoute son arrêt avec dignité, et dit seulement, se tournant du côté de l'accusateur public : « Ceux qui envoient au bourreau sont ceux-là mêmes qui devraient y être envoyés ! » On lui demande si elle veut se pourvoir en cassation.— *Oui, mais au tribunal de Dieu.* Et quand on exécute Apolline, M. de l'Argentière, comme de juste, se trouve au premier rang des spectateurs.

« Quand le couteau tomba, il se fit une sorte de rumeur, et un Anglais penché sur une fenêtre qu'il avait louée cinq cents francs, fort satisfait, cria un long *very well* en applaudissant des mains. »

Dans la nouvelle qui suit, *Jacques Barraou le charpentier*, et qui nous raconte la haine et la jalousie de deux nègres de la Havane, je trouve un passage à noter, un horrible duel, un tableau de boucherie peint par Borel avec la crudité de Ribeira. Je transcris :

Le lendemain, lundi, dès l'aube du jour, Amada dormait encore, Barraou vint à la Havane.

On le vit tout le jour dans le quartier qu'habitait Gédéon Robertson.

Quatre jours et quatre nuits il rôda dans la ville, sans succès.

Quand il trouve son rival, Juan, il lui crie simplement : « Arrête ! Défends-toi si tu peux ! »

En disant ces mots, il se jetait sur lui comme une hyène, pour le frapper de son coutelas ; Juan esquiva le coup, et, tirant vite son couteau, il pourfendit l'avant-bras de Barraou, qui le saisit à la ceinture en lui poignardant le côté. Juan, désespéré, se laissa tomber sur lui, le mordit à la joue, déchira un lambeau de chair qui découvrait sa mâchoire ; Barraou lui cracha aux yeux du sang et de l'écume.

A cet instant huit heures et *las oraciones*
sonnent au couvent prochain ; les deux furieux se séparent et tombent à genoux.

La scène est vraiment belle et drama-
tique, l'idée saisissante. Voyez-vous ces
rivaux sanglants, hideux, agenouillés
côte à côte, leurs *navajas* rouges à la main ?
Barraou dit les versets, Juan les répons,
puis, quand les oraisons sont finies :

« Allons ! debout, Cazador, que fais-tu encore à
genoux ?

— Je priais pour votre âme.

— Il n'est besoin ; j'ai prié pour la tienne : en
garde ! »

Aussitôt il lui crève la poitrine, le sang jaillit au
loin ; Juan pousse un cri et tombe sur un genou, sai-
sissant à la cuisse Barraou qui lui arrache les cheveux et le frappe à coups redoublés dans les reins ;
d'un coup de revers il lui étripe le ventre. Terrassés
tous deux, ils roulent dans la poussière ; tantôt
Jaquez est dessus, tantôt Juan : ils rugissent et se
tordent.

L'un lève le bras et brise sa lame sur une pierre du
mur, l'autre lui cloue la sienne dans la gorge. Sanglants, tailladés, ils jettent des râlements affreux et
ne semblent plus qu'une masse de sang qui flue et
caille.

Déjà des milliers de moucherons et de scarabées

impurs entrent et sortent de leurs narines et de leurs bouches, et barbotent dans l'aposthume de leurs plaies.

Vers la nuit, un marchand heurta du pied leurs cadavres et dit : « Ce ne sont que deux nègres ! » et passa outre.

Que pensez-vous de cette peinture sanglante et de cet éclatant *réalisme ?* En outre, il y a toujours, à la fin des nouvelles de Pétrus Borel, un mot sinistre, semi-bouffon, semi-répugnant, comme le *very well* de tout à l'heure, comme le *ce ne sont que deux nègres* d'à présent. Mais pourquoi faire prononcer celui-ci par un marchand ? Pourquoi n'avoir pas écrit : « un passant, — un inconnu ? » C'est que le marchand, aux yeux de Pétrus, est, vous le savez déjà, la plus complète incarnation de la froideur, de l'égoïsme, la personnification du mal dans la société actuelle. Il a posé en axiome que *marchand* et *voleur* est synonyme. Je n'ai pas pris la peine, — peine inutile, — de réfuter ses exclamations; j'ai fait mieux, je crois, j'ai cité.

Don Andréa Vesalius l'anatomiste, le récit

qui suit *Jacques Barraou*, est tout simplement une chronique affreuse. Vesalius ! Andréa Vesalius ! Que vient-il faire, ce martyr, dans les récits de Pétrus Borel ? — Bref, Vesalius se marie. Il est vieux et il épouse une jeune femme. Le récit de la nuit des noces est le *summum* de l'étrangeté. Borel l'appelle tout franchement *quod legi non postest*. Il compare Vesalius ôtant ses vêtements à *une momie développant ses bandelettes.* — Puis, suprême dédain ! il l'assimile *à un immortel de l'Académie des Quarante Fauteuils et du Dictionnaire inextinguible.* Tout à l'heure, au lieu d'un marchand, un académicien eût seul pu heurter du pied le cadavre de Jacques Barraou.

Maria, cela va sans dire, n'aime pas Andréa Vesalius : elle en aime un autre qui s'appelle Fernando, puis un autre qui s'appelle Pédro. La chère enfant se venge comme elle peut de son académicien de mari : elle en aimerait dix autres, mais Vesalius prend soin de se livrer sur les jeunes galants à des expériences anatomiques. Il les dissèque, tout simplement. C'est une façon de se venger que Georges Dandin n'eût pas inventée. Puis, un beau jour, après avoir disséqué les amants, il dissèque sa femme. Et voilà comme Andréa Vesalius put découvrir tout à son aise les admirables lois du corps humain.

Mais, je dois l'avouer, la plus curieuse, disons mieux, la plus *cocasse* des nouvelles de Pétrus Borel, ce n'est pas *M. de l'Argentière*, ce n'est pas *Vesalius*, c'est *Passereau.* — *Passereau, l'écolier* — une satire, une plaisanterie, une ironie, un défi, la plus complète des railleries et des goguenardises. Passereau est un étudiant qui croit à la vertu des femmes, un aimable naïf, un ingénu, un Huron, un « bon jeune homme.» En vain son ami Albert essaye-t-il de le détromper, Passereau est de la religion de saint Thomas. Il ne croira que lorsqu'il verra, lorsqu'il touchera. Et pourtant Albert a de belles raisons à lui donner, et des exemples, et des preuves. Écoute, dit-il :

C'était donc ce matin, à sept heures ; après avoir tambouriné fort longtemps à la porte, on m'ouvre, effarée, et l'on se jette dans mes bras et l'on me couvre la figure de caresses : tout cela m'avait fort l'air d'un bandeau de colin-maillard dont on voulait voiler mes yeux. — En entrant, un fumet de gibier bipède m'avait saisi l'olfactif. « Corbleu! ma toute belle, quel balai faites-vous donc rissoler? il y a ici une odeur masculine!...

— Que dis-tu, ami? Ce n'est rien, l'air renfermé de la nuit peut-être! Je vais ouvrir les croisées.

— Et ce cigare entamé?... Vous fumez le cigare?... Depuis quand faites-vous l'Espagnole?

— Mon ami, c'est mon frère, hier soir, qui l'oublia.

— Ah! ah! ton frère, il est précoce, fumer au berceau. Quel libertin! passer tour à tour du cigare à la mamelle, bravo!

— Mon frère aîné, te dis-je!

— Ah! très-bien. Mais tu portes donc maintenant une canne à pomme d'or? La mode est surannée!

— C'est le bâton de mon père qu'hier il oublia.

— A ce qu'il paraîtrait, toute la famille est venue! Des bottes à la russe! Ton pauvre père sans doute hier aussi les oublia, et s'en est retourné pieds nus! le pauvre homme!...»

A ce dernier coup, cette noble fille se jeta à mes genoux, pleurant, baisant mes mains, et criant :

« Oh! pardonne-moi! écoute-moi, je t'en prie! mon bon, je te dirai tout; ne t'emporte point!

— Je ne m'emporte point, madame, j'ai tout mon calme et mon sang-froid; pourquoi pleurez-vous donc ?. Votre petit frère fume, votre père oublie sa canne et ses bottes, tout cela n'est que très-naturel ; pourquoi voulez-vous que je m'emporte, moi ? Non, croyez-moi, je suis calme, très-calme.

— Albert, que vous êtes cruel ! De grâce ne me repoussez pas sans m'entendre. Si vous saviez ! J'étais pure quand j'étais sans besoin. — Si vous saviez jusqu'où peut pousser la faim et la misère !

— Et la paresse, madame.

— Albert, que vous êtes cruel ! »

A ce moment, dans un cabinet voisin, partit un éternuement formidable.

« Ma belle louve, est-ce votre père qui oublia hier cet éternuement, dites-moi ? De grâce, ayez pitié, il fait froid, il s'enrhume, ouvrez-lui donc !...

— Albert, Albert, je t'en supplie, ne fais pas de bruit dans la maison, on me renverrait, je passerais pour une *ceci !* Je t'en prie, ne me fais pas de scène !

— *Calmez-vous, señora !.....*»

Mais Passereau n'écoute pas. Passereau n'a pas été trompé. — Passereau mettrait « sa main au feu » que Philogène lui est fidèle. « Eh bien, dit Albert, adieu, Passereau. Je te donne un mois, et *tu m'en diras de bonnes !* » Passereau hausse les épaules et prend un cabriolet pour aller voir sa maîtresse.— « *Où allez-vous, monsieur ? — Rue de Ménilmontant. — Baste ! la course est loin !*

*— Moins loin que Saint-Jacques de Compos-
telle.* » Il arrive chez Philogène. Elle est
sortie, mais la femme de chambre, *la petite
Mariette*, est là. Elle voudrait bien s'échapper aussi, la petite Mariette. « *Monsieur
Passereau, je descends un instant ; si
quelqu'un venait sonner, veuillez ouvrir et
faire attendre. — J'ouvrirai*, dit Passereau,
serait-ce le tonnerre en personne ! » Ce n'est
pas le tonnerre, mais c'est un commision-
naire, un prosaïque Auvergnat.

« Est-ce vous, monsieur, qui êtes Mlle Philogène ?
C'est que c'est une lettre de la part du colonel
Vogtland.

— Du colonel Vogtland ! Donne-moi cela !

— On m'a bien recommandé de ne la remettre
qu'à elle-même.

— Ivrogne !

— Ivrogne ! c'est possible, mais je suis Français,
département du Calvados ; je ne suis pas décoré, mais
j'ai de l'honneur. Zuth et bran pour les Prussiens !
Et voilà !

— Va-t'en, mauvais drôle.

— Ah ! *faut pas faire ici sa marchande de mode !*
pas d'esbrouffe, ou je repasse du tabac !

— Va-t'en !

— Ce que j'en dis, c'est par hypothèque ; seulement tâchez d'avoir un peu plus de circoncision dans vos paroles et n'oubliez pas le pourboire du célibataire.

— Un pourboire, malheureux ! pour aller te mettre encore l'estomac en couleur, ou *te parcheminer les intestins ?* — Va-t'en, tu es soûl ! »

Vous pensez bien que Passereau lit la lettre, — une lettre où le colonel Vogtland écrit à Philogène : « Je te couvre partout de baisers. » Passereau est accablé, Passereau rentre à son hôtel la mort dans l'âme, et dit au garçon : « Laurent, vous allez faire monter un bol, du sucre, des citrons, du thé et cinq ou six bouteilles de *rum* ou d'eau-de-vie ; et partez de suite chez mon ami Albert, le prier de se rendre aussitôt ici, chez moi. Dites-lui simplement que je suis dans mon *jour à néant.* » — Dans ces jours à néant, Passereau se plaît à répéter que *la vie est bien amère et la tombe sereine.* Il n'est pas gai, Passereau. Le *punche* (sic) le grise, mais ne le console pas. Il s'endort furieux et se réveille de même. *Zingh ! zingh ! zingh !* Il tire à tour de bras le fil d'archal de la sonnette. Le garçon ac-

court. — Vous voulez 'sortir, monsieur ?
Mais il fait *une giboulée à donner une pleu-*
résie à l'univers.

« Qu'il en crève !
— Attendez un peu, ou prenez au moins une voi-
ture ou un parapluie.
— Un parapluie !... Laurent, tu m'insultes. Un
parapluie ! Sublimé-doux de la civilisation , blason
parlant, incarnation, quintescence et symbole de
notre époque ! un parapluie, misérable transsubstan-
tiation de la cape et de l'épée ! un parapluie ! Laurent, tu m'insultes ! »

Passereau sort plus irrité que jamais, et
tout droit court chez le bourreau.
« *Que demande monsieur ?*
— *El señor Verdugo.*
— *Plaît-il ?*
— *Ah ! pardon. M. Sanson est-il visible ?* »
Il a son idée, Passereau, et vous la con-
naissez déjà. La demande qu'il vient faire
est célèbre. Ce n'est pas Gérard de Nerval, c'est Pétrus qui l'a touvée. Cette
conversation du carabin et du bourreau est
colossale de plaisanterie.

« Je viens vous demander un service, dit Passereau à M. Sanson. Je venais vous prier humblement (je serais très-sensible à cette condescendance) de vouloir bien me faire l'honneur et l'amitié de me guillotiner ?

— Qu'est cela ?

— Je désirerais ardemment que vous me *guillotinassiez !* »

Guillotinassiez ! Et Passereau continue. Il raisonne, il discute... « *La vie est facultative.* » On la lui *a imposée comme le baptême.* « Il a déjà adjuré le baptême, maintenant il *revendique le néant.* »

« Seriez-vous isolé, sans parents ?

— *J'en ai trop !...* »

Bref, il est « blasé ». La vie l'ennuie, il n'a plus qu'une idée, qu'un espoir, qu'un refrain : « *Je voudrais bien que vous me guillotinassiez.*

— Non, c'est impossible, dit le bourreau : tuer un innocent ! »

Et Passereau : « *Mais n'est-ce pas l'usage ?* »

Jusque-là, passe pour ces bouffonneries funèbres. — Mais Passereau va plus loin. Ah ! il est innocent ! Ah ! « *ce n'est qu'un crime qu'il faut !* » — C'est-bien. Il sort sur cette belle pensée : « Nous ne manquons pas de Kotzebue en France, ce sont les Karl Sand qui manquent ! » C'est pousser la *charge* un peu trop loin.

Et ce n'est pas tout. La pétition à la Chambre, que rédige Passereau en rentrant chez lui, est le comble de l'ironie sépulcrale. Il s'adresse aux députés, il leur demande une loi nouvelle, un nouvel impôt, *l'impôt sur les moribonds,* — un impôt « très-butyreux », dit-il froidement. Il a calculé qu'il se suicide, en moyenne, dix personnes par jour « dans chaque département, ce qui fait « 3,650 par an, et 3,660 pour les années « bissextiles. Somme totale pour la France, « année commune, 302,950 et 303,780 « pour les autres. » Eh bien ! pourquoi le gouvernement ne ferait-il pas établir à Paris et dans chaque chef-lieu de département « une machine, mue par l'eau ou « la vapeur, pour tuer, avec un doux et « agréable procédé, à l'instar de la guil- « lotine, les gens las de la vie qui veu- « lent se suicider ? » On n'exigerait de ces gens-là qu'un droit de passe, l'impôt de

Caron. « Dans les pays secs, on pour-
« rait adapter l'appareil à un moulin à
« vent. »

La pétition, cela va sans dire, est re-
poussée. Passereau songe bien à tuer le
tyran, comme il dit, mais, toute réflexion
faite, il se résout à décéder autrement. Il
commence par provoquer le colonel en
question, et finit par le pousser à bout en lui
soutenant que le nom de Jacques Coitier s'é-
crit par un *c*, quoi qu'en ait dit Casimir Dela-
vigne, « le rimeur du Havre de Grâce », car
le colonel Vogtland est un classique. Il appelle *morveux* ce détracteur de M. Dela-
vigne et de M. Scribe. Et l'on joue aux
dominos à qui exterminera l'autre. Le sort
favorise ce diable de Vogtland. *Passereau
à cette fin sourit agréablement. Faites-moi
sauter le caisson, dit-il.*

Ses dernières paroles sont celles-ci :

« Écoutez bien ce que je vais vous dire, et faites-le,
je vous prie : la volonté d'un mourant est sacrée.

— Je le ferai !

— Demain matin, vous irez rue des Amandiers-
Popincourt ; à l'entrée, à droite, vous verrez un champ

terminé par une avenue de tilleuls, enclos par un mur fait d'ossements d'animaux et par une haie vive ; vous escaladerez la haie, vous prendrez alors une allée de framboisiers, et tout au bout de cette allée vous rencontrerez un puits à ras de terre.

— Après ?

— Après, vous vous pencherez et vous regarderez au fond. Maintenant, faites votre devoir, voici le signal : une, deux, trois ! »

Et au fond du puits, savez-vous ce qu'il y a ? Le cadavre de Philogène, l'infidèle Philogène, que son assassin Passereau y a jeté.

Tel est ce livre, violent, heurté, bizarre, qui ressemble parfois à une immense mystification, parfois au rugissement d'un cannibale. Peut-être Pétrus Borel était-il de bonne foi dans toutes ses exagérations, et passait-il, au milieu de cette société méprisée, tête haute, regard hardi, poing menaçant, comme un justicier.

Mais *Champavert* n'est rien à côté de *Madame Putiphar*.

V

MADAME PUTIPHAR (1).

Singulière fortune des livres ! C'est à la Bibliothèque, où ils étaient depuis vingt-cinq ans, que j'ai trouvé les deux volumes de *Madame Putiphar*. Depuis vingt-cinq ans ils dormaient là, et nul ne les avait lus, et personne ne les avait coupés. Le premier j'ai mis le couteau d'ivoire entre ces feuil-

(1) *Madame Putiphar*, par Pétrus Borel (le lycanthrope). 2 vol. in-8° couverture bleue. Paris, Ollivier, éditeur, 1839. 2 gravures sur bois, la première, celle du tome I, représentant Patrick le volume de Rousseau à la main, et tenant tête à Mme de Pompadour ; la seconde (tome II), signée L. B. (Louis Boulanger), Déborah à genoux, les cheveux en désordre, devant Patrick décharné, à demi nu, un crucifix sur la poitrine. Sur la couverture du livre, un cadran d'horloge, sans aiguilles, avec deux os de mort croisés et une larme. Voir plus loin l'explication de cette vignette.

lets que personne n'avait touchés ! Et pourtant, il valait d'être étudié, ce volume, ne fût-ce que pour le prologue en vers qui précède le roman, — superbe portique d'une œuvre défectueuse. Cette introduction est assurément ce qui est sorti de plus remarquable de la plume de Borel.

Une douleur renaît pour une évanouie ;
Quand un chagrin s'éteint, c'est qu'un autre est éclos ;
La vie est une ronce aux pleurs épanouie.

Le ton navré est cette fois touchant, et, pour une heure les grincements de dents ont cessé. Hésitant et non plus irrité, inquiet, troublé, le poëte s'interroge, résiste tour à tour et s'abandonne au doute, à ses instincts divers, à cette triple nature qui compose son idiosyncrasie.

Dans ma poitrine sombre, ainsi qu'en un champ clos,
Trois braves cavaliers se heurtent sans relâche.

Nous avons tous au fond du cœur deux ou trois de ces cavaliers fantastiques dont parle Borel, et que nous entrevoyons, dans

les heures troublées, comme des visions
apocalyptiques.

Le premier cavalier est jeune, frais, alerte ;
Il porte élégamment un corselet d'acier,
Scintillant à travers une résille verte
Comme à travers les pins les *crystaux* d'un glacier.
Son œil est amoureux ; sa belle tête blonde
A pour coiffure un casque orné de lambrequins
Dont le cimier touffu l'enveloppe et l'inonde
Comme fait le lampas autour des palanquins.
Son cheval andaloux agite un long panache
Et va caracolant sur ses étriers d'or,
Quand il fait rayonner sa dague et sa rondache
Avec l'agilité d'un vain torréador.

. . . .

Le second cavalier, ainsi qu'un reliquaire,
Est juché gravement sur le dos d'un mulet,
Qui ferait le bonheur d'un gothique antiquaire ;
Car sur son râble osseux, anguleux chapelet,
Avec soin est jetée une housse fanée ;
Housse ayant affublé quelque vieil escabeau ,
Ou caparaçonné la blanche haquenée
Sur laquelle arriva de Bavière Isabeau.
Il est gros, gras, poussif ; son aride monture
Sous lui semble craquer et pencher en aval :
Une vraie antithèse, — une caricature
De carême-prenant promenant carnaval !
Or, c'est un pénitent, un moine...
....Béat sur la vertu très à califourchon...

Il est taché de sang et baise un crucifix.

. . . .

Pour le tiers cavalier, c'est un homme de pierre
Semblant le Commandeur, horrible et ténébreux ;
Un hyperboréen ; un gnome sans paupière,
Sans prunelle et sans front, qui résonne le creux
Comme un tombeau vidé lorsqu'une arme le frappe.
Il porte à sa main gauche une faulx dont l'acier
Pleure à grands flots le sang, puis une chausse-*trappe*
En croupe, où se faisande un pendu grimacier,
Laid gibier de gibet ! Enfin pour cimeterre
Se balance à son flanc un énorme hameçon
Embrochant des filets pleins de larves de terre
Et de vers de charogne à piper le poisson.

Le premier combattant, le plus beau, — c'est le Monde
Qui pour m'attraire à lui me couronne de fleurs,
Et sous mes pas douteux, quand la route est immonde,
Etale son manteau, puis étanche mes pleurs...

....Le second combattant, celui dont l'attitude
Est grave et l'air bénin, dont la componction
A rembruni la face, or c'est la Solitude,
Le désert....

....Le dernier combattant, le cavalier sonore,
Le spectre froid, le gnome aux filets de pêcheur,
Celui que je caresse et qu'en secret j'honore,
Niveleur éternel, implacable faucheur,
C'est la Mort !....

....Il n'est de bonheur vrai, de repos qu'en la fosse :

Sur la terre on est mal, sous la terre on est bien ;
Là, nul plaisir rongeur ; là, nulle amitié fausse...

...Ainsi, depuis longtemps, s'entre-choque et se taille
Cet infernal trio, — ces trois fiers spadassins :
Ils ont pris, — les méchants, — pour leur champ de
[bataille
Mon pauvre cœur, meurtri sous leurs coups assassins,
Mon pauvre cœur navré, qui s'affaisse et se broie,
Douteur, religieux, fou, mondain, mécréant !
Quand finira la lutte, — et qui m'aura pour proie,
— Dieu le sait ! — du Désert, du Monde, ou du Néant ?

J'analyserai un peu longuement ce singulier roman de *Madame Putiphar*, précédé par une si éloquente préface.

Au début du livre, milord et milady Cockermouth sont accoudés à leur balcon, regardant le soleil couchant. Milady *sème mal à propos son bel esprit*, comme le lui reproche son mari; elle compare *les trois longues nuées éclatantes aux trois fasces d'or horizontales des Cockermouth, et le soleil au milieu du ciel bleu au besant d'or parmi le champ d'azur de l'eau*. Milord laisse là cette conversation sentimentale. Il revient des Indes et demande sévèrement à sa femme pourquoi certain fils de fermier, Patrick Fitz-Whyte, « étudie les arts d'agrément avec Déborah, l'héritière des Cockermouth. » Non-seulement ce Patrick est un petit paysan, mais il est catholique, et lord Cockermouth a pour juron favori : « Ventre de papiste ! » Il ne badine pas avec ses convictions. La mère défend sa fille de son mieux, mais elle n'est pas bien persuadée non plus de l'innocence de Déborah. Que faire? Elle interroge la jeune fille. « Déborah, mon enfant, *êtes-vous une fille à commerce nocturne ?* » Déborah rougit, se jette à genoux et demande grâce. Elle aime M. Patrick Fitz-Whyte (elle l'appelle *monsieur*); chaque nuit, elle sort par la poterne de la *Tour de l'Est*, elle va causer avec lui près du *saule creux*, mais causer, rien de plus. « *Nos entretiens,* dit-elle, *n'ont jamais été qu'édifiants !* » D'ailleurs, elle promet de cesser toute relation avec ce Patrick et d'épouser l'homme que son père lui présentera.

Mais miss Déborah est de la religion d'Agnès. Le soir même, elle sort par la poterne de la *Tour*, elle va jusqu'au *saule creux* et crie le mot de ralliement habituel :

« *To be !*

— *Or not to be !* » répond Patrick, qui connaît Shakspeare.

Les deux amoureux se font rapidement leurs confidences. Patrick a le visage balafré, Déborah a l'épaule démise. Lord Cockermouth a brisé sa cravache sur le front du jeune homme en le saluant d'un seul mot : « *Porc !* » et au déjeuner il a lancé un pot d'étain à sa fille. Non, tout cela ne peut durer. Aussi bien les amants conviennent qu'ils partiront, qu'ils iront en France pour y vivre heureux et libres. Leur fuite aura lieu « *le 15 du courant* », le jour même de la fête de lord Cockermouth.

Mais on ne s'enfuit pas ainsi du manoir paternel. Ils sont surveillés, nos tourtereaux. Un certain Chris, qui en veut beaucoup à Patrick parce que celui-ci a refusé de trinquer avec lui, les espionne et les dénonce à lord Cockermouth. Le jour de la fuite venu, et pendant que les hôtes du lord en sont au dessert, Cockermouth et son complice, armés jusqu'aux dents, s'en vont vers le saule creux, se jettent sur une ombre qu'ils aperçoivent, — et qui doit être Patrick, — et l'égorgent.

« Ah! monsieur Pat, dit l'honnête Chris, vous ne voulez pas boire avec les Anglais... Tiens entends-tu? c'est Chris qui t'éventre! »

Quant à Cockermouth, il essuie son épée et rentre dans la salle du banquet. Il cherche alors Déborah des yeux, ne l'aperçoit pas, s'inquiète. On court aux appartements. — « Mon commodore, dit Chris, je ne trouve « pas Mademoiselle! »

Vous devinez que ce n'est point Patrick, mais Déborah qu'ils ont assassinée. Patrick la voit ainsi baignée dans son sang, la remet sur pieds, et la reconduit jusqu'au château. Ils conviennent qu'*il* s'enfuira et qu'*elle* le suivra dès que ses blessures seront guéries. « Mais, dit-elle, comment te retrouverai-je à Paris? » — Ce Patrcik est rusé! — « Il faut avoir recours à un expédient, mais lequel?.. (C'est lui qui parle.) *Sur la façade du Louvre qui regarde la Seine, vers le sixième pilastre, j'écrirai sur une des pierres du mur mon nom et ma demeure. »*

Après une telle trouvaille, il est bien permis de s'embrasser, — ce qu'ils n'ont garde d'oublier. Puis on se sépare.

— Pauvre ami ! dit Déborah, à vingt ans, t'enfuir seul de ta patrie, trempé de pleurs et *teint du sang de ton amante !*

Ceci dit, elle se présente aux invités de son père, pâle, sanglante comme une autre Inès de las Sierras. Les invités se lèvent et se retirent. Lord Cockermouth essaye de les retenir, puis les menace de son épée, — que dis-je ! — de sa flamberge, et la brandit sur ses convives. Mais un vieillard, marchant vers lui, « d'un faux air mystérieux lui dit : « Milord, vous avez du sang à votre épée ! »

Le livre premier s'arrête sur ce coup de théâtre. Il contient, — outre certaines particularités de style, comme cette singulière expression pour dire que Déborah but un verre d'eau : « *elle jeta un peu d'eau sur le feu de sa poitrine,* » —un passage à noter, le portrait de lord Cockermouth, évidemment fait d'après une épreuve de sir John Falstaff.

« Lord Cockermouth avait tous les dehors d'un pourceau d'Épicure. Quoique grand, il était d'une circonférence inconnue sur le continent : deux hommes n'auraient pu l'entourer de leurs bras. Sa panse retombait comme une outre énorme et lui battait les jambes : il y avait bien quinze ans qu'il ne s'était vu les genoux. Sa tête tout à fait dans le style anglais, semblait une caboche de poupard monstrueux. La distance de sa lèvre supérieure à son nez, court et retroussé, était hideusement démesurée, et son menton informe se noyait dans une collerette de graisse. Il avait le visage violet, la peau aduste et rissolée, les yeux petits et entre-bâillés, et suait le *roast beef*, le vin et l'*ale* par tous les pores. En un mot, cette lourde bulbe humaine, se mouvant encore avec assez d'aisance et d'énergie, était un de ces polypes charnus, un de ces gigantesques zoophites fongueux et spongieux, indigènes de la Grande-Bretagne. »

Voilà certes une excellente caricature, et Daumier ne l'eût pas mieux crayonnée. Ce livre de *Madame Putiphar* abonde en rencontres semblables. Je n'analyserai pas la suite de l'ouvrage aussi scrupuleusement que le début. Mais le peu que j'en ai dit doit déjà le faire connaître. J'ai respecté dans cet extrait l'orthographe fantaisiste de Pétrus Borel, qui tenait à ses systèmes comme cet autre original, Rétif de la Bretonne. C'est ainsi qu'il écrit *abyme*, *gryllon*, *pharamineux*, etc. « Je ne peux me figurer, sans une sympathique douleur, dit M. Charles Baudelaire (1), toutes les fatigantes batailles que, pour réaliser son rêve typographique, l'auteur a dû livrer aux compositeurs chargés d'imprimer son manuscrit. »

Revenons à *Madame Putiphar*. Patrick donc a quitté l'Irlande, ainsi qu'il a été convenu. Il arrive en France et entre d'emblée dans le régiment des mousquetaires du roi. Il n'a garde d'oublier le sixième pilier du Louvre, et il y écrit son adresse. Précaution excellente, puisque Déborah le cherche déjà. Elle le rejoint. Leur folle joie remplit une quinzaine de pages. Pétrus Borel n'a pas trouvé de meilleur mode pour exprimer leur ivresse que de les

(1) *Revue fantaisiste*, 15 juillet 1861. Article sur Pétrus Borel.

faire agenouiller dans toutes les églises de
Paris. Mais voyez la fatalité ! Patrick a
été jugé en Irlande comme assassin con-
tumax de miss Déborah ; jugé, autant dire
condamné, — et mieux que cela, puisqu'il
a été pendu en effigie, ce dont il se mo-
que au surplus profondément.

Ah ! que vous avez tort d'être dédai-
gneux, ami Patrick ! Justement, un mous-
quetaire de son régiment, Irlandais comme
lui, Fitz-Harris, apprend la nouvelle de
cette pendaison et la confie aussitôt à tous
ses camarades. Patrick se défend comme
il peut, proteste de son innocence, et pour
prouver qu'il n'a pas tué miss Cockermouth,
il présente à ses compagnons Déborah,
Déborah vivante et devenue sa femme. On
s'incline profondément, et tout serait pour le
mieux si le régiment des mousquetaires n'a-
vait pas de colonel. Il en a un, *vertubleu !*
et *habillé de vert naissant, têtebleu,* et qui se
nomme le marquis de Gave de Villepastour, *mille cornettes !* Or, ce colonel est
amoureux de la femme de Patrick. Il veut
la séduire, elle ne l'écoute pas ; l'enlever,

elle le repousse. Il a beau mettre Patrick aux arrêts pour causer plus librement avec Déborah, Déborah résiste. Il a des menaces, soit! Elle a des pistolets.

Sur cès entrefaites, Fitz-Harris, l'Irlandais de tout à l'heure, qui est poëte par échappées, est convaincu d'avoir publié un libelle contre *Madame Putiphar*, lisez Madame de Pompadour. Pétrus Borel appelle aussi Louis XV *Pharaon*. Mon Fitz-Harris est mis à la Bastille, et Patrick, toujours généreux, va demander sa grâce à la *marquise*.

Ici, j'aurais grande envie de reprocher à Pétrus Borel sa sévérité excessive pour cette reine de la main gauche qui profita de sa demi-royauté pour faire un peu de bien, quand les autres, par habitude et par tempérament, font beaucoup de mal. Dieu me garde de me laisser entraîner par ce courant de réhabilitations érotiques qui, parti d'Agnès Sorel, ne s'est pas arrêté à la Dubarry. Mais enfin, lorsque je songe à Madame de Pompadour, c'est à son petit lever que je la revois, souriante, entourée d'artistes ses amis, tenant le burin et demandant à Boucher un avis sur la gravure qu'elle vient d'achever. Muse du rococo, elle ne se contenta pas de publier des estampes ou de peindre des nymphes aux seins rosés, elle protégea les encyclopédistes, — et cette petite main si forte pouvait seule peut-être arrêter la persécution ; — elle philosopha, elle fit un peu expulser les Jésuites. Bref il lui sera beaucoup pardonné, parce qu'elle a légèrement aimé la liberté de l'art et de la pensée.

Mais Pétrus Borel ne nous la présente pas ainsi. C'est une louve affamée, une Cléopâtre sur le déclin. Et quand Mme du Hausset introduit Patrick dans le boudoir de Choisy-le-Roi, *ohimé!* la Putiphar saisit à deux mains, — et quelles mains ! — le manteau de ce Joseph irlandais. Et ce diable de Patrick résiste éperdument. Elle parle amour, séduction, ivresse ; il répond langue irlandaise, Dryden, *minstrel*, légendes de son pays. A cette femme éperdue et enivrée il réplique par un cours de grammaire comparée, et quand elle lui déclare en face son amour, il va froidement dans la bibliothèque prendre un livre du *citoyen de Genève* et met sous les yeux de la Pompadour cette pensée de la *Nouvelle Héloïse* :

La femme d'un charbonnier est plus estimable que la maîtresse d'un roi.

La Pompadour ne répond rien, mais elle fait mettre mon Patrick à la Bastille, pendant que le colonel marquis de la Villepastour fait transporter Déborah au Parc-aux-Cerfs. Mais si Patrick est un loup, Déborah est une lionne. Pharaon a beau prier, supplier, se traîner à ses genoux, elle résiste, elle est superbe. — Vous finiriez, dit le roi, par me rendre brutal ! Le tome Ier de *Madame Putiphar* se termine par la lutte et la résistance dernière de Déborah :

« Majesté ! ah. ! c'est mal de frapper et de tordre ainsi une veuve débile, une mère souffrante ! — Grâce ! grâce ! à deux genoux, mon roi ! — Grâce ! grâce ! Oh ! vous n'êtes pas chevalier !... Voilà donc ce que c'est qu'un représentant de Dieu sur la terre ? Mon âme se révolte et ma raison *s'intervertit.* —

Roi, vous êtes infâme ! malheur sur vous et sur votre race ! abomination !

— Ah ! vous faites la Romaine, je me vengerai de vous, Lucrèce !

— Tarquin ! quelqu'un me vengera ?

— Qui ?

— Dieu et le peuple. »

Dans le tome II de son ouvrage, Pétrus Borel sème avec prodigalité les cachots ténébreux, les escaliers humides, les geôliers farouches, les souterrains sanglants et les oubliettes, toutes les fantasmagories des mélodrames. — Déborah est enfermée au fort Sainte-Marguerite, et parvient à s'en échapper. Patrick et Fitz-Harris, réunis par le hasard, croupissent dans des culs-de-basses-fosses, à la Bastille ou à Vincennes. Au surplus, il y a vraiment là des pages saisissantes, effroyables. Les longues heures des deux martyrs sont comptées avec une cruauté sombre qui commence par faire sourire, et qui finit par terrifier. Telle scène où Fitz-Harris meurt en maudissant ses bourreaux, où le délire le gagne, où il revoit, moribond en extase, son comté de Kerry, Killarney la hautaine, le soleil, les arbres, les oiseaux; où Patrick demeure bientôt seul dans l'ombre, avec le cadavre de son ami, cette scène vous étreint à la gorge comme une poire d'angoisse. Pétrus prend plaisir à vous inquiéter, à vous torturer.

— Ah! dit-il, la vérité n'est pas toujours en satin blanc comme une fille à la noce; et, sur Dieu et l'honneur! je n'ai dit que la vérité, que je dois. Quand la vérité est de boue et de sang, quand elle offense l'odorat, je la dis de boue et de sang, je la laisse puer : tant pis! Ce n'est pas moi qui l'arroserai d'eau de Cologne. Je ne suis pas ici, d'ailleurs, pour conter des sornettes au jasmin et au serpolet.

Je le crois pardieu bien! Ecoutez la fin de l'histoire. Déborah a eu un fils, le fils de Patrick. Elle l'a appelé *Vengeance*. C'est une façon de désespéré taillé sur le patron d'Antony, ou de Didier, un des mille surmoulages pris sur les statues des bâtards romantiques.

C'est ce *Vengeance* qui parle ainsi :

Je sais peu de choses; j'ai lu peu de livres, mais j'ai remarqué davantage, mais j'ai pensé beaucoup. J'ai porté mes regards partout dans la nature. Je suis remonté à la source, à l'origine des êtres et des choses. Je me suis penché sur chaque nid. Je suis entré dans l'étable et dans la bergerie. Je me suis introduit dans les familles ; j'ai écouté ; et j'ai vu que tout le monde avait un père, excepté moi ! Cette injustice m'a navré. J'ai cherché à en pénétrer le mystère. Je me suis creusé l'esprit ; j'ai souffert, je souffre... »

Déborah, lasse enfin des plaintes de son fils, lui confie le secret de sa naissance, lui montre son père emprisonné, torturé, maudit, et lui met une épée à la main en lui disant : « Va le venger ! » Vengeance descend à l'hôtel du marquis de la Villepastour et l'insulte, le frappe au visage, le contraint à se battre. Le marquis prend son épée, tue d'un coup droit ce jeune imprudent, fait attacher le cadavre sur le cheval qui a amené Vengeance vivant, et lâche le nouveau Mazeppa à travers champs. La course nocturne du cheval de Vengeance vers le château où attend Déborah est un des bons morceaux du livre. C'est une façon de ballade où, comme un refrain, passe le cri de l'auteur au *coursier :* « Va vite, mon cheval, va vite ! »

Lorsque Déborah voit son fils mort, elle sent soudain son cœur se fendre, la vie lui échapper, le doute l'envahir. Elle désespère de Dieu après avoir désespéré des hommes.

Ici, la plume semble tomber brusquement des mains de Borel. Un accent de sincérité poignante traverse son livre et il s'écrie :

Quand je pris la plume pour écrire ce livre, j'avois l'esprit plein de doutes, plein de négations, plein d'erreurs ; — je voulois asseoir sur le trône un mensonge, — un faux roi ! Comme le peuple, sujet à la démence, pose quelquefois le diadème impérial sur un front dérisoire et que devroit plutôt fleurdeliser le fer rouge du bourreau, je voulois ceindre du bandeau sacré une idée coupable, lui mettre une robe de pourpre, lui verser sur le chef les saintes huiles, — l'élever sur le pavois ou sur l'autel, — la proclamer Cæsar ou Jupiter, et la présenter à l'adoration de la foule, qui a moins besoin de pain que de faux dieux, que de faux rois, que de fausses idées, que de phantômes ! — Mais je ne sais par quelle mystérieuse opération, chemin faisant, la lumière s'est faite pour moi. — Le givre qui couvroit ma vitre et la rendoit opaque comme une gaze épaisse, s'est fondu sous des rayons venus d'en haut, et a laissé un plus beau jour arriver jusques à moi. — Où l'eau était bourbeuse, j'ai trouvé un courant limpide. — A travers les roseaux j'ai plongé jusque sur un lit du gravier le plus pur, sillonné par l'ombre fugitive des poissons argentés qui passent entre deux ondes comme un trait, — comme une barque qui a mis toutes voiles dehors, — comme une navette qui courroit sans repos de la main droite à la main gauche, de la main gauche à la main droite de Neptune. — Le brouillard s'est déchiré, et la cîme des monts, pareille à une armure gigantesque dorée par les flammes du soleil, au fond de la gerçure ouverte dans la brume, s'est offerte à mes yeux. — Au travers de cette vapeur d'eau bouillante, mon regard a philtré, et la ville assise sur la colline et la forêt étalée dans la plaine, qu'elle céloit, m'ont enfin apparu dans toute leur beauté.

J'aime cette franchise et ce cri. — Je les crois, je les sens sincères.

Oui! continue Borel, il y a un destin! Oui, il y a une Providence pour l'Humanité et pour l'homme! Non! les méchants ne triomphent pas sur la terre! Non, sur la terre chacun reçoit le salaire de ses œuvres. Non, il n'y a pas besoin d'une seconde vie pour redresser les torts de la première, — pour faire la part du juste, et refaire la part du méchant. — Rien ici-bas ne demeure impuni!

Puis, après Diderot, il ajoute :

Les bons qui souffrent ne sont des bons qu'en

apparence, ou si ce sont des bons réels, — comme le fils du mauvais peut être juste, — c'est qu'ils expient les torts de leur race.

Nous qui ne sommes que d'un jour, si la vengeance n'est pas au bout de notre courte et fragile épée, elle nous échappe ! — Mais rien n'échappe à l'épée éternelle de Dieu ! Que cette opinion aille trouver le crime heureux dans le bain de ses prétendus délices ; qu'elle lui troue la poitrine avec sa vrille de fer, qu'elle s'y insinue et lui fasse égoutter le cœur !

Je me suis efforcé tout le long de ce livre à faire fleurir le vice, à faire prévaloir la dissolution sur la vertu ; j'ai couronné de roses la pourriture ; j'ai parfumé de nard la lâcheté ; j'ai versé le bonheur à plein bord dans le giron de l'infamie ; j'ai mis la boue dans le ciel ; pas un de mes braves héros qui ne soit une victime ; partout j'ai montré le mal oppresseur et le bien opprimé... Et tout cela, toutes ces destinées cruelles accumulées, n'ont abouti après tant de peines qu'à me donner un démenti !

Le démenti donné à son livre, la justice envahissant ce foyer d'horreurs, la revanche des bons sur les méchants, c'est la prise de la Bastille par le peuple, le renversement du trône par les faubourgs, le meurtre du passé par la liberté. Il a réussi, ce Pétrus Borel, à peindre en couleurs fortes, et sous

un aspect nouveau, les triomphants épiso-
des du 14 juillet. Sa plume s'anime, court,
étincelle, maudit, acclame, renverse; son
style sent la poudre. Il y a là quelques
pages vraiment belles, dignes des écrivains
embrasés qui vivaient dans la fournaise
même, de Loustalot ou de Camille Des-
moulins.

Au fond d'un puits, dans la boue, dans
la nuit, le peuple retrouve enfin un vieillard balbutiant des paroles d'une langue
inconnue. C'est Patrick, Patrick hâve,
décharné, lugubre. Déborah le reconnaît,
elle se jette à son cou, elle lui parle, elle
l'appelle par son nom. Il n'entend pas. —
Fou! dit-elle. Il est fou!.. Elle se recule
effrayée, tombe de toute sa hauteur et
meurt.

Le livre s'arrête. Un meurtre de plus
était impossible.

VI

Pétrus Borel avait écrit *Madame Puti-phar* loin de Paris, au Baizil, en Champagne, près du château de Montmort ; il était dans un moment de production, de fièvre créatrice. Il avait promis deux ou trois autres romans à son éditeur, il avait composé un drame en cinq actes, *le Comte Alarcos*, non reçu et encore inédit. On pourra l'imprimer et le publier un jour.

Pétrus voulait demeurer le plus longtemps possible en province, dans son retrait, cherchant, pensant, travaillant. Mais le pays était marécageux, et les fièvres eurent raison de sa fièvre. Il quitta la Champagne, son drame et son roman en poche, et revint. A Paris ? Non. En quittant la rue d'Enfer, il avait juré de n'habiter plus Paris. Il s'établit à Asnières, il étudia encore, il travailla toujours.

Madame Putiphar n'obtint qu'un succès médiocre. On peut trouver dans le *Journal des Débats* un article fort violent de M. Jules Janin sur ce livre. Le futur auteur des *Gaîtés champêtres*, amoureux des séductions soyeuses du XVIIIe siècle, ne pouvait agréer, on l'avouera, ce XVIIIe siècle de verrous et de bastilles que lui présentait l'auteur de *Madame Putiphar*. « Si je parle de votre livre, dit il à Pétrus Borel qui lui demandait un article, je le comparerai tout simplement aux œuvres du marquis de Sade. — Comparez ! » dit Pétrus. Jules Janin ne se le fit pas dire deux fois. Lorsque M. Bertin vit l'article en question. « Holà ! Jules, dit-il au critique, tu veux donc que nous ayons un procès ? · Nous n'aurons pas de procès, répondit Jules Janin. L'auteur le veut ainsi. — Étrange auteur ! fit ·M. Bertin. »

Le demi-succès de son livre avait encore assombri Pétrus, intimement persuadé d'avoir fait un chef-d'œuvre. La maladie d'ailleurs le minait sourdement. Son humeur de loup-garou, sa lycanthropie coutumière devint plus farouche encore. Il fonda, moins pour vivre que pour passer sa bile sur les hommes et les choses, *le Satan*, un petit journal armé en guerre qui se fondit bientôt dans *le Corsaire* et devint *le Corsaire-Satan*, journal vif et mordant, aux crocs aigus, qui savait happer et faire la plaie large. Pétrus donnait aussi, çà et là, aux journaux, aux revues, aux magazines, à *l'Artiste*, au *Livre de beauté*, des articles, des nouvelles, un pamphlet sur *l'Obélisque de Louqsor* dans le livre des *Cent et un* de Ladvocat, des monographies, des factums.

Il avait fondé jadis, après la publication de ses *Rhapsodies*, un journal mensuel qui s'appelait *la Liberté des Arts*. Le journal, créé à l'aide de cotisations, avait vécu tant bien que mal un peu à l'aventure et sans faire tapage. Gérard de Nerval y avait donné des vers — mieux que cela, des poëmes tout entiers. M. A. Borel d'Hauterive s'y déguisait sous le pseudonyme de Mattéphile Lerob. Boissard de Boisdenier,

Bruno Galbaccio, Wattier le paysagiste, Jeanron, furent aussi du groupe de *la Liberté des Arts. Champavert* une fois publié, l'éditeur Renduel avait fourni à Pétrus une singulière occupation. Il s'agissait de confectionner, au plus juste prix, à l'usage des préfets, des maires et de je ne sais quels fonctionnaires de province... *des discours pour les distributions de prix.* Petrus Borel, sans perdre son sérieux, prenait la plume et gravement plongeait dans cette littérature d'agrégés universitaires ou de comices agricoles.

La publication d'une curieuse traduction de *Robinson Crusoé,* l'édition avec préface nouvelle de *Napoléon apocryphe,* occupaient les *entre-romans* de Borel. Au reste, il n'était point guéri du journalisme. *La Liberté des Arts* était depuis longtemps morte et oubliée, et il aspirait à fonder une feuille nouvelle. Celle-ci se nomma la *Revue pittoresque* [1]. C'était une de ces publi-

---

1. *Revue pittoresque, musée littéraire illustré par les premiers artistes.* Bureaux, 10 bis, rue Geoffroy-

cations composées à la mode anglaise, comme le *Magasin pittoresque*, ou plutôt l'*Echo des feuilletons*, en firent éclore beaucoup. Le roman, la nouvelle, les traductions de livres étrangers y tenaient la plus large place. Mais Pétrus Borel y accueillait aussi les vers, en ouvrant les colonnes à deux battants. C'est lui qui écrivait, avec un soupir au bout de sa plume :

« Quand on songe que si Marot revenait, il ne trouverait pas, parmi tant de papier qui chaque jour se remplit d'encre grasse, une petite superficie, grande comme la main, pour imprimer un naïf rondeau ou une maligne épigramme ! »

Pétrus Borel fit mieux. Comme la fantaisie, la poésie, la curiosité, la préciosité,

Marie. Couverture bleue avec encadrement gothique, rinceaux, écus, armoiries, etc. On trouve, parmi les noms des rédacteurs, ceux de Sainte-Beuve, Théophile Gautier, Alexandre Dumas, le comte de Grammont, Ch. de la Rounat, G. de la Landelle, etc. M. Emile de la Bédollière y publia la première traduction parue en France des *Souvenirs d'un médecin* du docteur Samuel Warren. Célestin Nanteuil, Gavarni, Tony Johannot, H. Monnier, étaient les principaux « illustrateurs » du recueil.

— toutes choses qu'il aimait, — n'étaient
pas logées aussi bien qu'il l'eût voulu dans
la *Revue pittoresque*, il fonda, tout à côté,
dans le bureau même, une annexe à l'usage
des gens de goût, un *refuge*, comme il dit,
ouvert aux écrivains d'art et de goût, il
l'appela *l'Ane d'or*. Il le baptisa non plus
du nom de *journal*, ou de *revue*, ou de *ma-
gazine*, *l'Ane d'or* devint un *écrin littéraire*,
et pour parrains il lui donna « les Lucien,
les Apulée, les Erasme, les Quevédo, les
Boccace et les Saint-Evremond de notre
âge. » Puis ce jacobin de Borel trouva
moyen d'anoblir son nouveau recueil. Il
avait sous la main, pour blasonner *l'Ane
d'or*, deux d'Hozier tout trouvés, son frère
d'abord, puis le comte F. de Grammont,
qui avait déjà composé les armoiries et les
devises des héros de Balzac. Grâce à eux,
l'Ane d'or eut ses armes, ainsi lisibles :

*D'azur à l'âne d'or passant ; l'écu sommé d'une
couronne de feuilles de chardon et de perles alter-
nées, et timbré d'un casque ailé posé de trois
quarts, la visière ouverte, avec les lambrequins
des émaux de l'écu ; pour cimier, une étoile d'ar-*

gent ; pour supports : à dextre, un dragon de sinople armé et lampassé de gueules, colleté et enchaîné d'or ; à senestre, une syrène de carnation ; et pour devise : Aurea patientia ex mente divinâ.

Car, ajoute Borel, la patience est en effet l'apanage des plus nobles esprits.

Pétrus Borel avait commencé dans ce recueil la publication d'une série d'articles fort curieux, *les Intérieurs célèbres*. J'en détacherai ce fragment à la fois piquant par la forme et par le fond. Il s'agit, en effet, des *Jardies* et d'Honoré de Balzac.

LA MAISON DE M. BALZAC.

Un de nos écrivains les plus laborieusement féconds, nous voulons dire M. de Balzac, s'était fait bâtir, il y a quelques années, une petite maison des champs sur la rive du chemin de Versailles et sur le sommet d'un coteau fort peu *modéré*. — Mais malheureusement l'édifice fut placé par mégarde sur un terrain végétal assis lui-même sur un lit d'argile et de glaise, si bien que le soir, après avoir resplendi des derniers feux du soleil couchant, il arrivait que la maison descendait doucement le long de la colline, pendant le repos de la nuit, et qu'au lever du jour elle se trouvait tout au bas de la pente, dans le ravin, et chaque matin il fallait remonter la maison à sa place, au moyen d'un câble ou d'un cabestan.

Bâtir une maison, même sur le sable, même sur la glaise, est une chose facile ; mais la meubler, c'est là le *chien-dent*, comme on dit au village. Les tapisseries et les meubles sortent tout payés du cerveau des romanciers : aussi leurs héroïnes et leurs personnages sont-ils habituellement fort bien nippés. — La vie réelle offre des tapisseries moins commodes.

Dans ce manoir tout neuf, qui semblait, comme font certains gamins sur les rampes des montées, jouer à écorche-derrière sur le coteau, on ne voyait donc, pour toute garniture, quoiqu'il fût assez vaste, qu'une soupière pleine de café à l'eau ou à la crème, deux rames de papier, et quelques hôtes ou collaborateurs mangeant des oignons du clos et des épinards ; — car le *maître* tenait pour opinion, du moins alors, que l'oignon donne de l'essor à l'esprit le plus épais, et que *les épinards ne sont pas le balai de l'estomac, mais le fouet de l'imagination.* Ce qu'il y a de certain, c'est que ce régime mettait souvent ces pauvres gens en alerte, et les forçait, la nuit, sinon à se relever, attendu qu'en cette académie rurale on ne se couchait pas — à faire toutefois de fréquentes sorties dans la plaine.

Notre illustre plume avait tracé elle-même le plan de sa maison, et dans le trouble d'une possession nouvelle et d'une préoccupation éthérée, hélas ! elle avait oublié un lieu sans nom dans un journal, mais bien nécessaire dans une maison.

Dans le cabinet de travail du *maître*, une nudité

plus grande encore régnait de toutes parts. — Il n'y avait rien, absolument rien, que lui, notre grand romancier et son auréole. Il se contentait avec raison de le remplir de sa gloire.

Recette. — Prenez un romancier célèbre, mettez-le dans un hôtel vide, et vous avez aussitôt un hôtel garni.

Il est vrai de dire pourtant qu'on voyait dans une pénombre, et placé sur une cheminée ignorant encore l'usage du feu comme certaines peuplades de l'Australie, un buste en plâtre de quatre francs dix sous, représentant l'autre grand homme — c'est-à-dire Napoléon.

Sur le socle on lisait, écrit au crayon de la main même du vaste orateur, hardiment mais avec modestie, ces paroles significatives et impériales :

« ACCOMPLIR PAR LA PLUME CE QU'IL VOULUT ACCOMPLIR PAR L'ÉPÉE, ET NE PAS MOURIR A SAINTE-HÉLÈNE. »

Au rez-de-chaussée étaient semés, çà et là, dans les celliers et les salles d'attente, cinq ou six futailles ou tonneaux vides ; dans les uns, l'illustre écrivain nourrissait pastoralement des lapins ; dans les autres il serrait ses manuscrits et ses livres. Mais, que de fois, plongé dans ces rêveries abstraites, ces chiffres immenses, ces distractions si naturelles aux grands penseurs, lui arrivait-il, se trompant de tonneau, de mettre ses livres avec ses lapins et ses feuilles de choux avec ses livres !

M. Arago prit bien un jour, à l'Institut, la queue d'un de ses vieux, confrères, poudré à blanc, pour la queue d'une comète.

Ce morceau, plein de raillerie emmiellée, pourra donner une idée de la manière dont Pétrus Borel entendait le journalisme. J'aurais pu citer des pages beaucoup plus amères, où l'auteur ne se contente pas de sourire en montrant les dents. Mais que reste-t-il de ces morsures ? Laissons là ces querelles d'une heure, ces luttes d'un matin, ces personnalités et ces attaques. Nous allons retrouver Pétrus tout aussi gai, beaucoup plus charmant, dans les deux articles qu'il a donnés aux *Français peints par eux-mêmes*, et qui peut-être sont les deux *physionomies* ou *physiologies*, comme on disait alors, les plus remarquables du livre. La première physionomie est celle du *croque-mort*. Elle est écrite avec une verve funèbre, une ironie glaciale, qui rappellent les joyeux blasphèmes de *Champavert*.

Vous êtes à fumer gaiement avec des amis et vous attendez quelques rafraîchissements. — Pan! pan! On cogne à votre porte : « Qui est là ? — C'est moi, monsieur, qui vous apporte la bière. — Est-elle blanche ? — Oui monsieur. — Bien : déposez-la dans l'antichambre et revenez chercher les bouteilles demain. » L'homme obéit et se retire. Mais quelle est votre surprise quand, accourant sur ses pas, vous vous trouvez nez à nez avec un cercueil !

Ces sortes de plaisanteries égayaient beaucoup Pétrus. Aussi, à la page suivante, décrivant avec des couleurs fantastiques la fête des croque-morts à la Toussaint, il s'en donne cette fois à cœur-joie, il jongle, pour ainsi dire, avec l'horrible.

Il fallait voir, écrit-il, avec quelle magnificence inouïe se célébrait autrefois le jour des morts. C'est la fête des Pompes, c'est le carnaval du croque-mort ! Qu'il semblait court ce lendemain de la Toussaint, mais qu'il était brillant !... Dès le matin, toute la corporation se réunissait en habit neuf, et, tandis que MM. les fermiers, dans le deuil le plus galant, avec leur crispin jeté négligemment sur l'épaule, répandaient leurs libéralités, les verres et les bouteilles circulant, on vidait sur le pouce une feuillette. Puis un héraut ayant sonné le boute-selle, on se précipitait dans les équipages ; on partait ventre à terre, au triple galop, et l'on gagnait bientôt le *Feu d'Enfer*, guinguette en grande renommée dans le bon temps. Là, dans un jardin solitaire, sous un magnifique catafalque, une table immense se trouvait dressée (la nappe était noire et semée de larmes d'argent et d'ossements brodés en sautoir), et chacun aussitôt prenait place.

Cette fois, plus de barrière, plus de frein, plus d'obstacle à sa fantaisie mortuaire. Il rit, il gambade, il grimace, les os et les têtes de morts à la main.

On servait la soupe dans un cénotaphe, — la salade dans un sarcophage, — les anchois dans des cercueils ! — On se couchait sur des tombes, — on s'asseyait sur des cippes ; — les coupes étaient des urnes, — on buvait des bières de toutes sortes ; — — on mangeait des crêpes ; et sous le nom de *gélatines moulées sur nature*, d'embryons *à la béchamelle*, de *capilotades d'orphelins*, de *civets de vieillards*, de *suprêmes de cuirassiers*, on avalait les mets les plus délicats et les plus somptueux. — Tout était à profusion et en diffusion ! — Tout était servi par montagnes ! — Au prix de cela les noces de Gamache ne furent que du carême, et la kermesse de Rubens n'est qu'une scène désolée. — Les esprits s'animant et s'exaltant de plus en plus, et du choc jaillissant mille étincelles, les plaisanteries débordaient enfin de toutes parts, — les bons mots pleuvaient à verse, — les vaudevilles s'enfantaient par ventrée. — On chantait, on criait, on portait des santés aux défunts, des toasts à la Mort, et bientôt se déchaînait l'orgie la plus ébouriffante, l'orgie la plus

échevelée. Tout était culbuté ! Tout était saccagé !
Tout était ravagé ! Tout était pêle-mêle. On eût dit
une fosse commune réveillée en sursaut par les
trompettes du jugement dernier. — Puis, lorsque ce
premier tumulte était un peu calmé, on allumait le
punch ; et à sa lueur infernale quelques croque-morts
ayant tendu des cordes à boyau sur des cercueils
vides, ayant fait des archets avec des chevelures, et
avec des tibias des flûtes tibicines, un effroyable
orchestre s'improvisait, et la multitude se discipli-
nant, une immense ronde s'organisait et tournait
sans cesse sur elle-même en jetant des clameurs
terribles comme une ronde de damnés.

Ne croiriez-vous pas lire le *Sabbat* des
Djiinns de Victor Hugo, ou cette introduc-
tion des *Nuits du père Lachaise* où M. Léon
Gozlan nous montre les employés des pom-
pes funèbres banquetant avec des gaietés de
Goliaths en plein choléra ?

Dans la même publication, *les Français* de Curmer, Pétrus Borel signa le portrait du *Gnaffe*, — une fantaisie où l'argot
se mêle à l'érudition, le détail technique
à la préciosité, le déboutonné au pédan-
tisme. Oui, Borel est quelquefois pédant.
Lorsque Déborah arrive à Antibes, dans
Madame Putiphar, il ne manque pas d'a-

jouter : « Antibes, ἀντιπολις, ἀντιβιος, la
« vieille colonie marseilloise assise à l'ex-
« trémité de la Provence, au pied des Al-
« pes-maritimes, sur le beau rivage de la
« mer de Ligurie. » Dans *le Gnaffe*, il nous
soutient que le mot a une étymologie
brillante et une origine hellénique. *Gnáffe*
viendrait de γναφεύς, cardeur ou peigneur,
et dérisoirement « racleur de vieux cuirs ».
En anglais, dit Borel, *to gnaw* signifie
ronger. Plus loin, il prétend qu'on doit dire
d'une chose superbe : c'est *grandiose*, et
d'un ivoire de Dieppe, par exemple, c'est
petit diose. Un homme qui se blesse à la
main, d'après la grammaire de Borel, n'est
pas *estropié*, mais *estromain*.

Il commençait déjà, le malheureux, à re-
chercher à tout prix et partout cette chose
qui doit venir à vous d'elle-même, *l'originalité!* La tournure naturelle menaçait de
s'effacer ; le torticolis commençait. Un af-
faissement général et comme une désespérance complète s'étaient d'ailleurs emparés
de lui. Tout lui échappait, tout lui man-
quait à la fois. Les déceptions marchaient,

couraient à la file. Un moment, il plaça sur la *Société générale de la Presse*, fondée par Dutacq, bien des espérances. Il prit le titre de rédacteur en chef du journal de Dutacq. Mais la fortune lui souriait peu. Ses appointements ne lui furent jamais payés. La Société fit faillite et Pétrus Borel se trouva sur le pavé.

M. Albert de la Fizelière, qui dirigeait alors *l'Artiste*, me contait qu'un jour il vit arriver dans sa chambre, pâle, triste, sombre ou honteux, Pétrus Borel qui lui apportait une Nouvelle. Ce n'était plus alors ce brillant et ce bouillant des poudreuses soirées d'*Hernani*. Le front se dégarnissait, les yeux étaient caves, attristés, la taille courbée. Dans son regard, dans son geste, dans sa voix, on devinait bien des naufrages. — A côté de ses amis d'autrefois, Gautier, Gérard, Edouard Ourliac, qui le raillait à présent, lui, le voltairien devenu catholique, Maquet, Boulanger, bien d'autres emportés par le succès, Pétrus demeuré seul ressemblait à quelque matelot abandonné dans une île déserte pendant que ses compagnons voguent en pleine mer !

La nouvelle que Pétrus apportait parut en effet dans *l'Artiste*. Elle s'appelait *Miss Hazel* (1). Un récit à l'eau de rose écrit par une dame qui l'eût destiné à un journal de modes, voilà ce que signait à présent Champavert.

Théophile Gautier le rencontre un jour sur le boulevard, promenant sa pâleur et son ennui. « Ecoute, lui dit-il, je puis te trouver un emploi. — Lequel ? dit Pétrus. — Tu as toujours aimé la vie sauvage et libre. Que dirais-tu d'un poste en Algérie ? — Rien. Je partirais. » Gautier alla trouver Mme de Girardin, et l'on obtint pour Borel la place d'inspecteur de la colonisation de Mostaganem.

A peine cette nomination était-elle insérée au *Moniteur* que *le National* se mit à rire. Champavert inspecteur ! Le lycanthrope fonctionnaire ! *Le National* publia un article mordant dont Pétrus se plaignit

---

(1) Elle avait été publiée dans la *Revue pittoresque* (2e série, 4e livraison).

à Armand Marrast. — Hélas! cette mauvaise humeur fut la cause d'un deuxième article beaucoup plus acerbe. Cette fois, Pétrus, irrité, furieux, envoie des témoins à Armand Marrast. On doit se battre le lendemain; sur le terrain, les témoins interviennent et réconcilient les adversaires. Tout est bien. Mais *le National* continue et les railleries persistent.

« Cette fois, dit Pétrus, je ne prendrai pas de témoins *bourgeois!* »

Des bourgeois au menton glabre! Sa vieille haine vivait toujours.

Il ramassa, au coin de la rue, deux commissionnaires savoyards, deux portefaix, et les expédia aux bureaux du *National* avec ordre de demander raison pour lui à M. Marrast de toutes ses attaques. Marrast fut pris d'un accès d'hilarité, renvoya ces témoins qu'il n'acceptait pas. L'affaire traîna. Pétrus Borel partit sans obtenir de satisfaction.

C'était en 1846. Il ne devait plus revoir la France.

VII

L'ALGÉRIE.

Au delà de Mostaganem, loin de la
mer, sur la lisière de cette verdure qui
succède soudain, après la ville, aux vastes
sables rouges, Borel, inspecteur de la colonisation, avait fait construire une sorte
de castel gothique. L'ancien élève de Garnaud était redevenu architecte, et il avait
donné à sa demeure l'ambitieux surnom de
Haute-Pensée. Cela le consolait de ses espérances mortes. Je me le figure se promenant, tête baissée, à travers ces brous-
sailles algériennes, les lentisques et les pal-
miers-nains, parmi ces arbres brûlés et
broutés, aux solides racines, aux tiges
ravagées, — images vivantes de la destinée

de ce poëte, — comme lui avides d'air et d'espace, avortés, abandonnés comme lui.

On m'a montré une photographie de Pétrus Borel en uniforme d'inspecteur de la colonisation. Hélas ! ce n'est plus le Pétrus d'autrefois. La tête est rasée, la barbe longue, presque inculte, les yeux cernés, gonflés, abattus. Tout le visage a je ne sais quelle expression de lassitude et d'accablement, de sombre et morne désespérance. *Plus ne m'est rien, rien ne m'est plus*, lit-on aussi dans cet œil sans vie, sans éclat, sans espoir.

Qu'avait-il en effet à attendre de l'avenir ? — Des misères nouvelles peut-être. Et ces misères vinrent. En 1848, l'envoyé d'Armand Marrast en Algérie, Lacroix, destitua Pétrus dès son arrivée. La colère du lycanthrope fut éclatante.

Je ne veux pas citer la pièce de vers qu'elle lui inspira. M. Warnier, un ami de Lacroix, devenu préfet d'Alger, se présentait comme candidat aux électeurs ; Pétrus adressa à l'*Akhbar* une satire que le journal n'inséra pas. A peine puis-je détacher quatre ou cinq vers de cette longue diatribe :

Tityre, prends ton mirliton,
Chante l'heureuse Béotie !
Chante ce rouge carnaval
Qui vit naître la dynastie
Des *rédacteurs* du *National !*

Je ne rechercherai pas pourquoi le jacobin de 1830 était devenu réactionnaire en 1848 (1). Peut-être simplement parce que Marrast, qui l'avait attaqué comme on l'a vu, faisait partie du Gouvernement provisoire. Pétrus fut d'ailleurs peu de temps après réintégré dans ses fonctions d'inspec-

---

1. Il écrivait déjà en 1845 dans *l'Ane d'or* des *nouvelles à la main* de ce genre : « On se rappelle sans doute, s'il est possible de se rappeler ces choses-là, que Couthon le conventionnel était cul-de-jatte. Un jeune écrivain, M. L.-J. (*Laurent-Jan ?*), esprit infatigable et d'une verve excellente, parlait un jour, dans un salon, devant une dame dont le nom nous est inconnu, des Montagnards, de ces hommes farouches de la Convention, qui passaient leur temps, disait-il, à demander des têtes, et parmi eux il nomma Couthon. — Ah ! pour celui-ci, s'écria la dame, il aurait mieux fait de demander des jambes ! »

teur par l'intervention du maréchal Bu-
geaud et du général Daumas, qui lui por-
taient une vive amitié. Mais le poste de
Mostaganem était occupé; on lui donna
celui de Constantine. Adieu les habitudes
chères, la solitude, les arbres rabougris !
Adieu surtout *Haute-Pensée !*

La profonde tristesse et l'entier découragement qui durent s'emparer du pauvre
Pétrus se trahissent dans la pièce de vers
suivante que M. René Ponsard a bien voulu
me communiquer [1]. La forme me paraît
plus soignée, moins exubérante, que celle
des Rhapsodies ; l'amertume et le désespoir
sont les mêmes, plus poignants peut-être,
et plus sincères. *Léthargie de la muse !* C'est
bien le sort du poëte meurtri, attaché à sa
muse demi-morte comme le *vivant* de Vir-
gile au cadavre qui le glace.

1. M. René Ponsard est ce *matelot poëte*, l'auteur
des *Echos du bord*, dont M. Laurent Pichat a écrit
l'histoire. Sa vie est tout un roman. Il a longtemps
été zéphyr en Algérie. C'est là qu'il a connu Pétrus
Borel.

LÉTHARGIE DE LA MUSE.

—

FRAGMENTS.

A ranimer la muse en vain je m'évertue,
Elle est sourde à mes cris et froide sous mes pleurs :
Sans espoir je me jette aux pieds d'une statue
Dont le regard sans flamme avive mes douleurs.

C'est son souffle pourtant qui parfume mon âme ;
C'est sa voix qui m'ouvrit un horizon nouveau,
Et c'est au doux contact de ses lèvres de femme
Que je sentis un jour bouillonner mon cerveau...

C'est elle qui, sondant d'une main douce et sûre
Mon cœur qui ne pouvait au mal se résigner,
En arracha le trait resté dans la blessure
Et la purifia sans la faire saigner.

C'est elle qui toujours repeupla d'espérances
Mon front morne envahi par des papillons noirs...
Car elle avait alors pour toutes mes souffrances
Des soupirs, et des pleurs pour tous mes désespoirs.

Refrénant les ardeurs qui la rendraient féconde,
Elle excite mes sens et consume mes jours ;

Nul désir corrodant, nul transport ne seconde
La fougue et les élans de mes fortes amours.

L'amour, comme la séve, a ses lois et sa force,
Force et lois qu'on ne peut comprimer sans péril;
L'un déchire le cœur, l'autre crève l'écorce.
La séve fait le chêne et l'amour rend viril.

D'où vient que dans mes bras, comme un bloc de
                                        [porphyre,
Ses flancs voluptueux restent toujours glacés?
C'est à peine, autrefois, si je pouvais suffire
A celle qui jamais ne savait dire : Assez!

Elle avait des baisers, dans sa folle allégresse,
Des baisers enivrant ainsi qu'une liqueur!
Et je la bénissais, même quand la tigresse
Passait en minaudant ses griffes sur mon cœur!

Elle aimait que sa voix, mêlée à la voix aigre
Du grillon babillard, se perdît dans le vent,
Et se plaisait à voir l'ombre de mon corps maigre
S'estomper dans la nuit sur les murs d'un couvent.

Méprisant sans pitié ceux qui bayent aux grues,
Elle honorait partout les fronts intelligents,
Et ne s'exerçait point à tirer par les rues
Des coups de pistolet pour attrouper les gens.

A ranimer la muse en vain je m'évertue
Elle est sourde à mes cris et froide sous mes pleurs :

Sans espoir je me jette aux pieds d'une statue
Dont le regard sans flamme avive mes douleurs.

M'a-t-elle vu jamais, à l'heure où je frissonne
Criant sous l'ongle aigu de l'âpre adversité,
Porter envie à tous et secours à personne,
Et mettre à nu mon cœur vide et désanchanté ?

Ai-je, méprisant l'art, dans un jour de colère,
Méconnu sa puissance et nié qu'il soit fort ?
Ai-je dit que la gloire étant un vain salaire,
Aucun but ne valait la peine d'un effort ?

L'ai-je, un seul jour, contrainte à rhythmer la
[louange ?
Mieux vaudrait dans sa gorge étouffer ses accents
Que de lui voir jeter comme un œuf dans la fange
Sa pensée indécise aux banquets des puissants !

Je suis fier d'avoir pu maintenir à distance
Des pacages d'autrui mon Pégase affamé,
Et d'avoir su toujours pourvoir à sa pitance,
Sans prendre un grain qui n'ait dans mon âme germé !

Le reste manque. Mais les deux vers suivants, retrouvés dans ses papiers, se rapportent sans doute à cette pièce :

Le cliquetis du chiffre et le son des piastres
Lui font ce lourd sommeil léthargique et mortel.

La date manque également. Cette *Lé-*

thargie de la muse a dû être écrite dans un de ces moments de doute traversé d'espoir où Borel, affaissé sous les ennuis de sa place, se demandait s'il ne pouvait encore lutter, et s'il lui fallait, athlète fatigué, reposer à jamais le ceste.

Sur ces entrefaites, Pétrus Borel se maria. Cet ennemi des bourgeois finissait bourgeoisement, simplement, heureusement, sa vie. Il eut un fils. Sur l'acte de naissance, je lis ceci : « Les formalités légales ont été remplies à l'occasion de la naissance d'Aldéran-André-Pétrus-Bénoni *Borel d'Hauterive*, fils de *Joseph-Pétrus Borel* et de Gabrielle Claye. » Il donnait bien la particule à son fils, mais il la refusait pour lui.

D'ailleurs son originalité passée ne s'était pas amoindrie. On a trouvé dans des papiers de famille cette singulière reconnaissance faite sur papier timbré par l'incorrigible Pétrus :

« *Je, soussigné, reconnais posséder, par moitié et d'une façon indivise avec ma nièce*

Jeanne Borel d'Hauterive, un cheval alezan de sept ans, nommé Fritti, acheté au marché de Khremis, le 30 octobre dernier, quarante douros français, dont vingt fournis par Jeanne.

« *Il est bien entendu que je ne disposerai de cet animal que dans un intérêt commun et profitable aux deux associés.*

« *De Haute-Pensée, près Mostaganem, ce 10 décembre 1856.*

« Pétrus Borel. »

Mais Pétrus avait surtout gardé l'originalité suprême de l'honnêteté. Une honnêteté d'Alceste, sans transactions et sans tampons aux angles. Il s'aperçut un jour, — mais ici la question est délicate, — de je ne sais quelles malversations qu'il dénonça franchement, brutalement. Je ne puis rien préciser, je ne sais rien au reste de bien précis. On m'a pourtant assuré que cette honnêteté farouche fut la cause de sa destitution. Le pot de terre avait heurté le pot de fer, il vola en éclats. On prit ce prétexte que Pétrus

n'apportait pas dans l'exercice de ses fonctions toute la gravité désirable, pour l'in-
viter à donner sa démission. La vérité est
que Pétrus faisait en vers la plus grande
partie de ses rapports officiels.

Voilà donc Pétrus sans position, avec sa
femme et son enfant, travaillant de ses
mains pour vivre, labourant, exploitant
lui-même sa concession de terrain, — mais
sans énergie, le bras lassé, désespéré. Ce
dernier coup avait ébranlé toutes ses convictions, écrasé tout son être. Il ne com-
prenait pas, ce grand ami du paradoxe,
que la vérité pût avoir tort. Cet admirateur
de la morale de convention en matière
d'art ne pouvait croire que la morale bour-
geoise, — la petite, la seule, — pût être
méconnue dans la vie. Tout s'était brisé
en lui. Sous le soleil ardent, il bêchait,
piochait, labourait nu-tête, et le soleil
échauffait son crâne devenu chauve (1).

(1) Je ne me couvrirai pas la tête, disait-il; la
nature fait bien ce qu'elle fait, et ce n'est pas à nous
de la corriger. Si mes cheveux tombent, c'est que
mon front est fait à présent pour rester nu.

Une insolation l'atteignit et l'enleva brusquement. D'autres veulent (on me l'a assuré) que Borel, ennuyé de la vie, dégoûté de l'injustice, accablé, las, se soit laissé mourir de faim par une dernière ironie, une protestation suprême !

Il laissait un enfant, un fils, et une veuve qui depuis s'est remariée.

VIII

Telle fut cette vie, telle fut cette œuvre. Il faut les prendre comme elles sont avec la flamme et les scories. — *Yo soy que soy*, c'était la devise de Pétrus Borel : — Je suis ce que je suis. — Cette destinée a pourtant trouvé des juges sévères. Je lisais hier dans un pamphlet sur *les Hommes et les mœurs en France sous le règne de Louis-Philippe*, des pages violentes et chargées de reproches où toute cette école de fantaisistes, — les grands écervelés, les sublimes gamins de 1830, — est traitée durement. Et quant à ce qui touche à Borel : « Pourquoi finir par des chevaux (dit le pamphlétaire, qui prétend que Borel était inspecteur des haras), pourquoi finir par des chevaux, quand on a porté un pourpoint de velours ? »

Pourquoi ? — Pourquoi la vie ne tient-elle pas toutes ses promesses ? Pourquoi les espérances s'enfuient-elles ? Pourquoi cette force qui nous abandonne ? Pourquoi le temps marche-t-il ? Pourquoi tant d'orages et de misères, tant de triomphes sans lendemain, de journées commencées par l'aurore souriante, terminées par la pluie et la boue ? Pourquoi le vent du sort nous balaye-t-il tous comme des feuilles mortes ? Pourquoi tant d'*essors brisés* et tant d'*Icares* tombés de si haut ?

En vérité, ce n'est pas à l'homme que le pamphlétaire devait adresser une telle question. Le hasard seul, peut-être, l'aveugle hasard, pouvait répondre.

Quand Borel eut usé son pourpoint de velours, le pourpoint romantique, il ôta ce pauvre vieux costume devenu haillon ; mais loin de le rejeter, comme l'ont fait tant d'autres, où l'on jette les choses inutiles, il le conserva pieusement, en quelque recoin caché, et parfois, — qui sait ?—

peut-être le revêtait-il tristement, demandant à la pauvre défroque ce qu'elle pouvait donner encore de souvenirs, la regardant avec émotion, avec regret, jamais avec colère, — prêt à recommencer sa vie assurément, cette vie de lutte, de sacrifice, d'orgueil indompté, d'honnêteté inattaquée, d'ambition inassouvie...

Et sans doute alors, relisant la préface des *Rhapsodies* :

« — Si je suis resté obscur et ignoré, se disait-il, si jamais personne n'a tympanisé pour moi, si je n'ai jamais été appelé aiglon ou cygne, en revanche je n'ai jamais été le paillasse d'aucun ; je n'ai jamais tambouriné pour amasser la foule autour d'un maître, et nul ne peut me dire son apprenti. »

Hélas ! en 1832, quand il croyait tracer une profession de foi, Pétrus Borel ne se doutait pas qu'il écrivait un testament.

Avril 1865.

APPENDICE.

———

Si l'on voulait rééditer les œuvres de Pétrus Borel, il y aurait à faire, dans le journal *l'Artiste*, des fouilles précieuses. Ce que Borel a enfoui là de caprices, de railleries, de science et de poésie est vraiment immense. Et c'est à *l'Artiste* peut-être qu'il a donné le plus précieux et le plus curieux de ce qui est sorti de sa plume, j'entends un article de trois cents lignes intitulé : *Du Jugement publicque*, un article signé *Montaigne!* Splendide mystification. Le pastiche est étonnant en vérité ; c'est plus qu'une imitation, c'est une évocation. On gagerait une page des *Essais* inconnue jusqu'ici et retrouvée par miracle. Il fit un tour de force ce jour-là.

Pétrus Borel imiter la forme de Montaigne, rude entreprise! mais imiter le fond, quelle témérité ! Eh bien, je vous le jure, il y réussit. Cherchez ce morceau inouï dans *l'Artiste* de 1847. Il y obtint un grand succès, et, dans le journal même, M. Ch. de la Rounat écrivit tout exprès pour cet article une *introduction* de cinquante lignes.

Il y a bien d'autres morceaux de Borel dans *l'Artiste.* M. Arsène Houssaye accueillait à cœur ouvert, comme il en a accueilli tant d'autres, le pauvre diable repoussé presque de partout. J'ai trouvé les titres qui suivent en feuilletant la collection :

1835.—Une nouvelle : *Jérôme Chassebœuf.*

1844.—Une nouvelle : *Le Vert Galant.*

1845.—*De la chaussure chez les anciens et les modernes* (trois articles).

—*Diverses poésies.* Des sonnets : *Sur l'amour. Sur l'art.* Sa forme est bien la même qu'autrefois :

...Comme le cerf bondit vers sa biche qui brame,
  Comme l'émerillon fond sur un cochevis,
  Comme un enfant descend, éperdu, d'un parvis,
  Comme sur un esquif vient déferler la lame,

  J'accourus sur vos pas... A ce bruissement
  Vous tournâtes la tête et dites : «Ah ! c'est Pierre !»

Ainsi de ce ton trois sonnets intitulés : *Étran-*

gement, — *Fatidiquement*,— *Éternellement*, —
et datés 25 août — 30 septembre — 9 octobre.

1845. — Un petit article dont on pourrait
extraire quelques pensées et qui a pour titre :
Le général Marceau et Clémence Isaure.

— *Philologie humoristique;*

— *Pierre Bayle;*

— *Rêveries ethnologiques;*

— Des « fantaisies grammaticales. » Quand
je vous disais que le lycanthrope avait à l'esprit
la tache d'encre du pédant !

— *Alger et son avenir littéraire.* 1845. Article bizarre. Pétrus Borel y accumule des cita-
tions géographiques et des *pensées* sur les quatre
parties du monde, à propos d'un livre de M. Au-
sone de Chancel, *les Algériennes.*

A partir de 1846, le nom de Pétrus Borel
disparaît de *l'Artiste.* Il donne en 1847 son
fameux morceau imité de l'auteur des *Essais.*
On trouverait encore dans les premières années
du journal des *articles de musique* sous son nom
ou sous ses initiales. Mais le chef-d'œuvre de
la collection, c'est le *Jugement publicque.* Balzac
n'a fait qu'imiter Rabelais; Pétrus Borel a
ressuscité Montaigne.

TABLE

www.ingramcontent.com/pod-product-compliance
Lightning Source LLC
Chambersburg PA
CBHW070944100426
42738CB00010BA/1997